# 1/100 scale
FULL MECHANICS 건담 에어리얼
(약 18cm)

# 1/144 scale
HG 건담 에어리얼(개수형)
(약 14cm)

# CHAPTER 1 『수성의 마녀』 건프라 제작 가이드

대히트 애니메이션 『기동전사 건담 수성의 마녀』는, 전일담 「PROLOGUE」, Season 1 전12화, Season 2 전12화까지 총 25 에피소드가 방영됐습니다.

애니메이션의 전개에 맞춰, BANDAI SPIRITS에서 작중에 등장하는 다양한 진영의 모빌슈트를 1/144 스케일 건담 프라모델=건프라로 제품화했습니다.

또한 주인공 기체인 건담 에어리얼은 1/100이라는 한 치수 크고 보다 세밀한 스케일로도 발매돼서, 좋아하는 쪽을 구입해서 조립할 수 있습니다.

건프라는 「스스로 조립하는 키트」이기에, 어떻게 완성할지는 내 마음대로입니다. 예를 들어 먹선을 넣거나 도색을 하거나 웨더링(더럽히기)을 한다든지. 그 표현 방법은 무한대!

이 책에서는 초보자도 따라 하기 쉬운, 만드는 방법의 아이디어와 기법을 알기 쉽게 설명하고 있으니, 앞으로 건프라를 만들고 싶다, 더 많이 만들고 싶다! 라고 생각하는 분은 꼭 읽어두시면 좋을 내용입니다.

페이지를 넘기면 여러분이 만들고 싶은 키트와 만드는 방법을 분명히 찾을 수 있을 것입니다.

## 자, 아찔한 건프라의 세계로 떠나봅시다!

## 예를 들어 이런 기술을 소개!

### 1: 몰드에 먹선 넣기 ▶P7, P27

건프라 부품에는 「몰드」라고 하는 가는 홈이 새겨져 있습니다. 이 몰드는 메카니컬한 분위기 연출에 한몫을 하는데, 이 홈에 호색이나 검정색 잉크를 흘려넣으면 몰드가 두드러져 보이고, 정보량이 늘어나서 훨씬 멋지게 보입니다.

### 2: 마커와 붓으로 부분 도색 ▶P8, P12

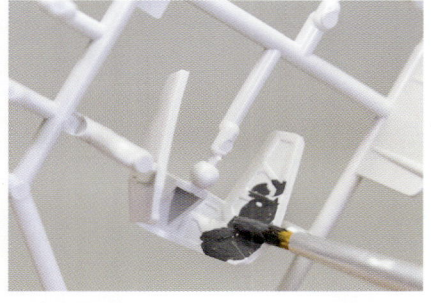

건프라는 색을 칠할 수도 있습니다. 성형색으로는 다 표현하지 못한 부분을 조금만 칠해줘도 훨씬 리얼한 분위기를 연출할 수 있습니다. 일단 겁내지 말고 건담 마커나 붓으로 도색에 도전해 보세요. 생각보다 간단하게 칠할 수 있습니다.

### 3: 스프레이와 에어브러시로 도색 ▶P12, P20

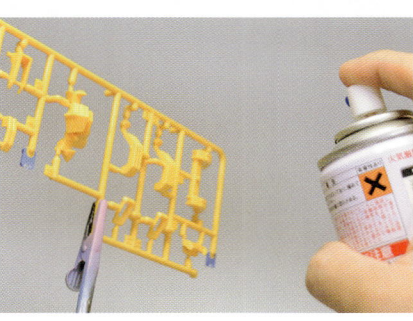

부품의 색을 완전히 바꿔버리고 싶을 때는 캔 스프레이 도료를 사용해보세요. 쉭, 쉭 하고 부품 표면에 뿌려주기만 하면 균일하고 깔끔하게 칠할 수 있습니다. 그리고 초기 비용이 들기는 하지만, 보다 섬세하고 질 좋은 도색이 가능한 에어브러시를 도입하는 방법도 있습니다.

### 4: 웨더링 ▶P28

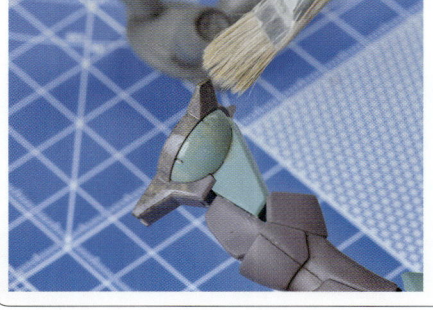

모빌슈트가 싸우면서 묻은 먼지와 얼룩, 흠집 등을 상상하면서 일부러 더럽히는 기법이 「웨더링」입니다. 좋아하는 스타일로 웨더링을 하면, 이 세상에 하나뿐인 「작품」이 완성됩니다. 웨더링이 어려워 보이지만 사실은 아주 간단! 꼭 따라 해보세요!

### HG 건담 에어리얼(개수형) 제작 가이드

# XVX-016RN 건담 에어리얼(개수형)
# 부품 떼어내기, 먹선 넣기, 마커 부분 도색편

BANDAI SPIRITS 1/144 스케일 플라스틱 키트
'하이 그레이드' 건담 에어리얼(개수형) 사용

## XVX-016RN 건담 에어리얼(개수형)
제작·해설 / 하야시 텟페이

자, 시작합니다. 건프라를 처음 만드는 모델러라도 안전, 안심, 간단하고 멋지게 만들 수 있는 제작법을 가르쳐드리는 제작 강좌입니다. 키트를 평범하게 조립하는 것부터 시작해서 「뭔가 조금 더 해보고 싶은데…」라고 생각하시는 분을 위한 스텝 업으로, 건담 마커를 이용한 먹선과 부분 도색을 소개하겠습니다.

**하야시 텟페이**
모델러 실력도 일류인 하비재팬 편집 스태프. 다양한 장르의 모형에 정통했다.

### 사용할 공구, 도구

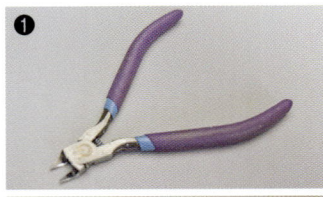

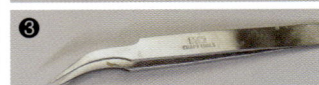
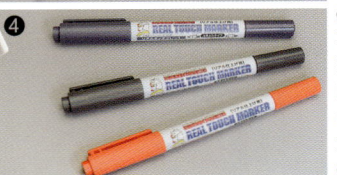

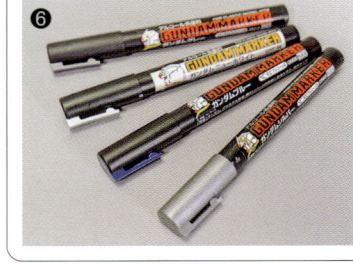

❶프라모델용 니퍼. 부품을 떼어낼 때 사용합니다. 이번에는 게이트 절단용 외날 니퍼를 사용했습니다. 건프라를 처음 만든다면 일반적인 양날 니퍼를 추천합니다. 날이 튼튼해서 다소 험하게 사용해도 이가 빠지지 않습니다.

❷아트 나이프. 런너에서 떼어낸 부품의 게이트 처리에 사용합니다. 날이 얇고 절삭력이 좋아서, 니퍼만 사용하면 자국이 남기 쉬운 성형색이 짙은 부품이나 클리어 부품도 게이트를 깔끔하게 처리할 수 있습니다.

❸핀셋. 씰을 붙일 때 사용합니다. 건프라의 씰은 작은 것이 많아서 손가락으로 붙이기 힘든 경우가 있습니다. 핀셋을 사용하면 아주 작은 씰도 간단히 집을 수 있어서, 붙이기가 훨씬 편해집니다.

❹건담 리얼 터치 마커. 수성 마커라서 플라스틱을 상하게 하지 않고 안전하게 도색이나 먹선을 넣을 수 있습니다. 이번에는 리얼 터치 그레이1, 그레이2, 오렌지를 사용했습니다.

❺건담 마커 먹선용 블랙. 유성 드로잉 펜으로, 디테일을 확실하게 칠해주면서 선명한 먹선을 넣어줄 수 있습니다.

❻각종 건담 마커. 도색용 알코올계 마커. 큰 면적을 균일하게 칠하기는 힘들지만, 병에 든 도료나 붓이 없어도 간편하게 쓸 수 있습니다.

## STEP-1 ■부품을 떼어내자

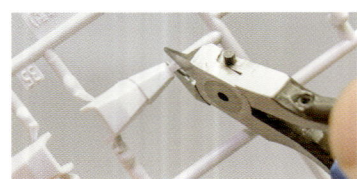   

▲런너에 붙어 있는 부품을 니퍼로 떼어냅니다. 여기서 중요한 것은 니퍼 날을 부품에 직접 대지 않고, 아주 조금 떨어진 곳을 자르는 것. 날을 직접 대서 자르면 부품에 흠집이 날 수도 있습니다. 게이트를 이 정도 남기고 잘라주세요.

▲부품을 런너에서 떼어냈으면, 니퍼 날이 부품에 수평이 되도록 딱 맞춰서 대고 남은 게이트를 딱! 하고 절단. 런너와 다른 부품이 방해되지 않아서 날을 대기 쉽고, 깔끔하게 잘라줄 수 있습니다.

▲부품을 깔끔하게 떼어냈습니다! 이것이 건프라의 기본 테크닉 「니퍼 두 번 자르기」입니다. 런너에서 바로바로 팍팍 잘라내고 싶겠지만, 두 번에 나눠서 잘라주면 부품이 손상될 위험을 줄이고 안전하게 만들 수 있습니다.

▲이렇게, 조립용 핀에 게이트가 붙은 부분 등, 완성하면 안 보이는 부분도 있습니다. 여기는 니퍼로 한 번에 딱! 하고 잘라내서 빠르게 진행해도 됩니다.

## STEP-2 ■키트 상자를 활용하자

▲게이트를 톡, 톡, 자르다 보면, 게이트 찌꺼기가 나옵니다. 끝이 뾰족한 것도 있다 보니, 바닥에 떨어진 찌꺼기를 밟기라도 하면 위험하니까, 안전하게 만들기 위한 방법을 생각해봅시다.

▲역사와 전통을 자랑하는 솔루션, 키트 상자를 사용해서 게이트 찌꺼기를 관리합니다. 먼저 키트 상자를 앞뒤로 나란히 늘어놓습니다. 앞쪽은 작업 상자, 뒤쪽은 다 다듬은 부품을 넣어두는 상자로 사용합니다.

▲작업용 상자 위에서 게이트를 잘라주세요. 잘라낸 찌꺼기가 전부 상자 안으로 떨어지니까, 흩어질 걱정이 없습니다. 찌꺼기가 쌓였을 때는 쓰레기통에 버리면 끝.

▲처리를 마친 부품은 뒤쪽 상자에 넣어주세요. 이렇게 하면 작업을 수월하게 진행할 수 있습니다. 여기서 주의점. 상자에 손이 걸려서 뒤집힐 수도 있으니까, 손을 어느 정도 자유롭게 움직일 수 있도록 작업 공간을 넓게 확보하는 것이 좋습니다.

MOBILE SUIT GUNDAM THE WITCH FROM MERCURY　GUNPLA BEGINNER'S BIBLE

### STEP-3 ■아트 나이프를 써보자

 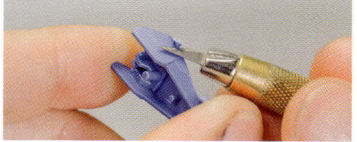  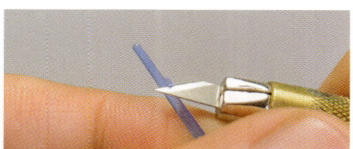

▲이 위팔처럼, 곡면에 게이트가 달린 부품도 있습니다. 곡면에는 니퍼 날을 대기 어렵다 보니, 니퍼로 두 번 잘라도 게이트 조각이 남게 됩니다. 이런 부분은 아트 나이프로 게이트를 잘라주세요.

▲아트 나이프는 날이 얇고 상당히 잘 들어서 부품에 자국을 남기지 않고 게이트를 잘라낼 수 있습니다. 에어리얼(개수형)은 짙은 파란색이라서 니퍼로 두 번 잘라도 자른 자국이 하얗게 되기 쉬우니까, 아트 나이프로 처리하면 깔끔합니다.

▲키트에는 클리어 부품도 있는데, 이건 두 번 자르면 안 됩니다! 클리어 부품은 다른 플라스틱보다 딱딱해서, 두 번 자르면 게이트 자국이 탁하게 변하거나 갈라질 수도 있습니다. 클리어 부품의 게이트는 나이프로 꼼꼼하게 잘라주세요.

▲빔 사벨은 투명한 연질 수지입니다. 여기도 아트 나이프로 게이트를 잘라주면 깔끔합니다. 눈에 띄는 투명 부품의 게이트는 기본적으로 아트 나이프로 처리한다고 기억해두면 됩니다.

### STEP-4 ■「플래그」를 자르자

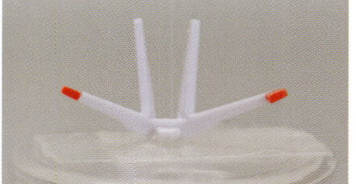 

▲머리의 안테나 위에 톡 튀어나온 부분을 보통 「플래그」라고 부릅니다. 뾰족한 부품에 찔리는 것을 막기 위한 안전장치인데, 이곳을 잘라서 더 멋지게 만들어 보겠습니다.

▲플래그도 게이트와 같은 순서로 잘라줍니다. 단, 블레이드 안테나는 얼굴 중앙에 있어서 상당히 눈에 띄는 부분. 니퍼로 두 번 자르기만 하면 플래그가 조금 남거나, 반대로 너무 잘라서 자른 부분을 파먹기라고 하면 큰일입니다. 그래서 니퍼로 플래그를 조금 남기는 정도만 잘라주고, 남은 부분은 아트 나이프로 여러 번 나눠서, 신중하게 깎아주세요.

▲플래그를 자른 상태. 튀어나온 부분이 없어져서 설정 자료처럼 샤프한 안테나가 됐습니다. 큰 게이트를 처리한다는 생각으로 작업하면 어려울 것 없습니다. 작업 효과가 아주 좋습니다.

### STEP-5 ■부품을 깜박했다!

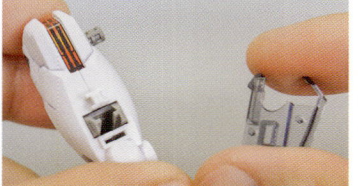  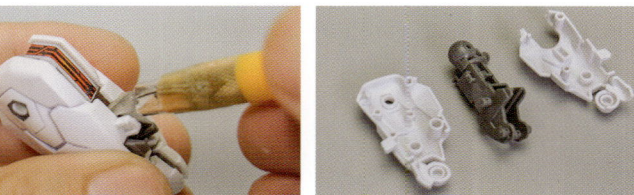

▲어이쿠! 허벅지에 끼우는 클리어 부품을 깜박했습니다. 설명서는 제대로 읽었지만… 그래도 종종 벌어지는 일이죠. 하지만 안심하세요. 부품을 간단히 분리할 수 있습니다.

▲아트 나이프 날 끝을 부품 틈새에 끼우고 대각선으로 속, 속, 조금씩 움직여서 틈을 벌려줍니다. 정면에서 잘 안 될 때는 부품 뒤쪽에서도 도전. 적당히 벌어지면 틈새에 손가락을 걸어서 부품을 분리해주면 됩니다.

▲부품을 분리한 상태. 건프라를 만들다 보면 부품을 깜박하거나 잘못 조립하는 일이 종종 일어납니다. 「실수했다! 끝장이야!」라고 포기하지 말고, 부품을 분리하고 다시 조립해줍니다.

### STEP-6 ■먹선을 넣자

  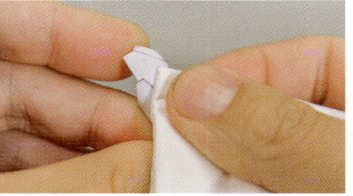

▲건프라의 매력은 몰드 등의 섬세한 디테일 표현. 이것을 강조하기 위해 먹선을 넣어줍니다. 먼저 리얼 터치 마커 그레이1으로 몰드와 디테일 부분을 따라서 그려주세요. 삐져나와도 괜찮습니다.

▲조금 삐져나온 부분은 손가락으로 문질러주면 됩니다. 그래도 안 닦였을 때는 티슈로 닦아주세요. 희석액 등을 사용하지 않아도 깔끔하게 닦이니까 부담 없이 작업할 수 있습니다.

▲하얀 부품에 먹선을 넣을 때 검정색을 사용하면 선이 너무 강조돼서 칙칙한 느낌이 들기 쉽습니다. 리얼 터치 그레이1은 옅은 퍼플 그레이라서 청결한 느낌을 줍니다.

 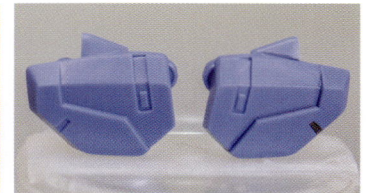 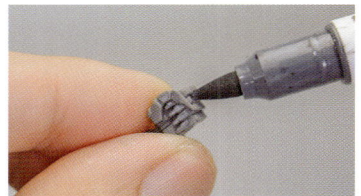 

▲몰드는 아니지만, 이 허벅지 부품의 면 구성 경계선 등에도 먹선을 넣어보세요. 몰드에 먹선을 넣은 부분과 어우러지면서 전체적인 통일감을 줍니다.

▲파란색 부품에도 리얼 터치 그레이1으로 먹선을 넣어줍니다. 오른쪽이 먹선을 넣은 상태. 대비를 더 강조해주고 싶다면 검정에 가까운 회색인 리얼 터치 그레이2를 사용해도 좋습니다.

▲회색 관절 부분에는 그레이1보다 색이 진한 그레이2로 먹선을 넣어주세요. 손가락 부분처럼 디테일이 많고 복잡한 부분은, 굵은 펜촉으로 대략적으로 칠한 뒤에 티슈로 쓱 닦아주면 빠르게 먹선을 넣을 수 있습니다.

▲노란색 부품에 검정이나 회색으로 먹선을 넣으면 지저분하게 보이니까, 리얼 터치 오렌지로 먹선을 넣었습니다. 밝은 부품에는 같은 계통의 색으로 먹선을 넣는 것이 보기 좋게 표현하는 요령입니다.

BANDAI SPIRITS 1/144 scale plastic kit "High Grade" GUNDAM AERIAL REBUILD use XVX-016RN GUNDAM AERIAL REBUILD modeled & described by Teppei HAYASHI

## STEP-7 ■ 데칼 붙이기 기본

▲에어리얼(개수형)에는 각 부분에 검은 슬릿 모양의 디테일이 있습니다. 이곳을 칠해서 선명한 대비를 주도록 하겠습니다. 먼저 프론트 아머로 연습하겠습니다.

▲먼저 칠할 곳 이외의 부분에, 다른 하얀 부품과 마찬가지로 리얼 터치 그레이 1로 먹선을 넣어줍니다.

▲건담 마커 먹선용 블랙으로 슬릿을 전부 칠해주세요. 칠하다가 손을 잘못 놀려서 삐져나와도 괜찮습니다. 저도 잔뜩 삐져나왔습니다.

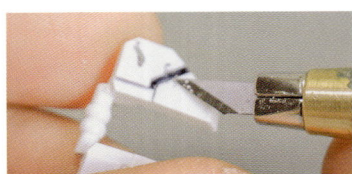
▲삐져나온 부분의 도료가 마를 때까지 기다렸다가 아트 나이프 날 끝으로 깎아주세요. 살살 긁어주면 삐져나온 부분이 깔끔하게 사라집니다. 도색을 안 할 때는, 어느 정도 삐져나온 부분은 긁어내는 쪽이 가장 깔끔하게 처리할 수 있습니다.

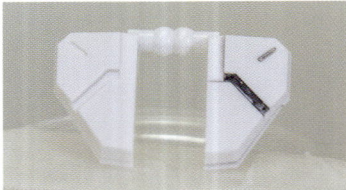
▲슬릿을 칠한 상태. 인상이 크게 달라졌습니다. 골이 가는「몰드」는 리얼 터치 마커, 골이 굵은「슬릿」은 건담 마커 먹선용으로 구분해서 사용해주면 간단하고 깔끔하게 처리할 수 있습니다.

▲키트의 프론트 아머는 좌우 부분이 붙어 있지만, 가운데를 잘라주면 좌우를 따로 움직일 수 있습니다. 키트의 특징인 건비트 라이플 롱 레인지 모드의 장거리 저격 포즈를 잡을 때 프론트 아머가 다리 움직임에 맞춰 움직이니까, 보다 자연스러운 포징이 가능합니다.

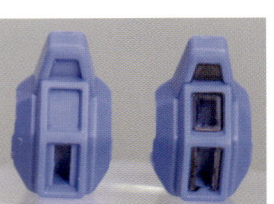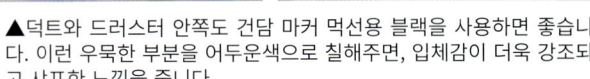
▲덕트와 드러스터 안쪽도 건담 마커 먹선용 블랙을 사용하면 좋습니다. 이런 우묵한 부분을 어두운색으로 칠해주면, 입체감이 더욱 강조되고 샤프한 느낌을 줍니다.

## STEP-8 ■ 몸통을 조립하자

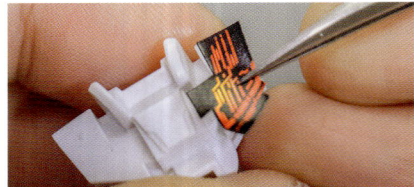
▲셀 유닛이 들어가는 몸통입니다. 발광 상태 씰을 붙였습니다. 핀셋을 사용하면 손가락의 유분이나 때가 씰에 묻지 않습니다. 사진에서 제일 위쪽 라인과 목깃 라인에 맞춰서 붙여주는 방법이, 가장 위치를 잡아주기 쉬웠습니다.

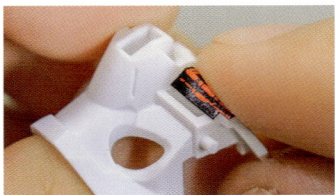
▲에어리얼(개수형)의 셀 유닛은 가슴 정면까지 노출됩니다. 먼저 윗면을 붙인 뒤에 꺾이는 부분을 손가락으로 눌러서 구부려주며 정면 부분을 붙여주세요.

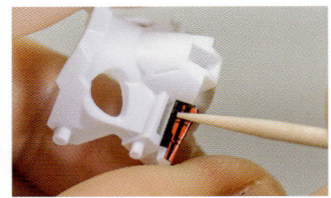
▲우묵한 부분은 손가락으로 처리하기 힘드니까, 이쑤시개로 눌러서 밀착시켜주세요.

▲씰을 붙인 상태. 커다란 씰이지만, 테두리를 따라서 붙여주면 되니까, 붙이기는 어렵지 않습니다. 셀 유닛 비발광 상태로 만들 때는 문양이 없는 씰을 같은 방법으로 붙여주면 됩니다.

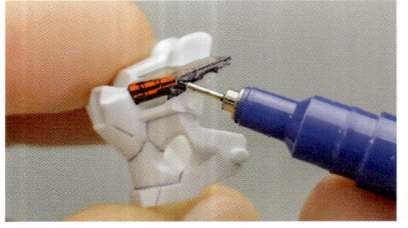
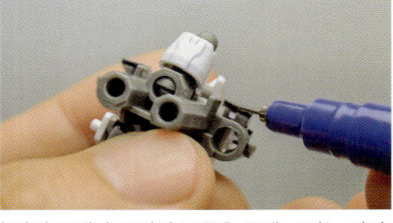
▲씰을 붙인 상태로 조립하면 부품의 하얀 부분이 관절 틈새나 클리어 부품을 통해 보이는 것이 마음에 걸렸습니다. 부품을 조립하기 전에 셀 유닛의 내부 측면, 관절 안쪽의 노출되는 부분 등을 건담 마커 먹선용 블랙으로 칠해주세요. 이러면 셀 유닛 내부의 하얀 부분이 안 보이게 되면서 완성도가 크게 상승합니다.

◀셀 유닛 발광 상태로 만든 경우, 동봉된 인몰드 성형 부품도 간단하고 편리합니다. 클리어 부품에 무늬가 들어가 있어서 씰을 붙이는 수고를 줄여줍니다. 사진 왼쪽은 씰, 오른쪽은 인몰드 성형 부품을 사용했습니다. 취향에 따라 마음에 드는 쪽으로 조립하세요.

## STEP-9 ■ 건담 마커로 도색

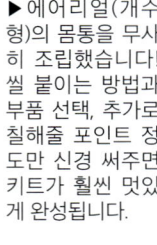
▶에어리얼(개수형)의 몸통을 무사히 조립했습니다! 씰 붙이는 방법과 부품 선택, 추가로 칠해줄 포인트 정도만 신경 써주면 키트가 훨씬 멋있게 완성됩니다.

▲에어리얼(개수형)은 거의 설정대로 색분할 된 훌륭한 키트입니다. 그냥 조립해도 멋있지만, 기왕이면 건담 마커로 부분 도색을 해보겠습니다. 먼저 건담 그레이부터. 마커는 쓰기 전에 잘 흔들어서 안에 있는 도료를 잘 섞어주면 뭉치지 않고 색이 깔끔하게 나옵니다.

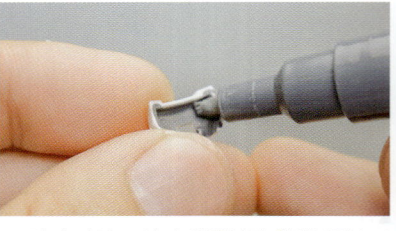
▲먼저 사이드 아머 안쪽부터 칠해보겠습니다. 뭉치거나 삐져나와도 됩니다. 일단 안쪽을 회색으로, 단숨에 칠해주세요.

MOBILE SUIT GUNDAM THE WITCH FROM MERCURY **GUNPLA BEGINNER'S BIBLE**

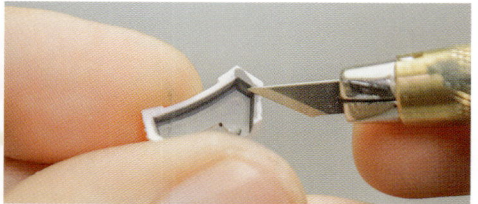  

▲삐져나온 부분을 아트 나이프 날 끝으로 살살 깎아주세요. 이렇게 면적이 작은 부분은 무리해서 용제로 닦아내는 것보다 나이프로 깎는 쪽이 훨씬 간단하고 깔끔합니다.

▲사이드 아머 안쪽을 칠한 상태. 장갑 안쪽은 회색이나 블랙 등으로 칠해주면 조립했을 때 얼핏 보이는 안쪽의「틈새」가 없어지고 전체적인 완성도가 좋아집니다. 아머 안쪽을 전부 칠해주는 건 힘드니까, 눈에 띄는 부분만 해주면 편합니다.

▲비트 스테이브 안쪽도 칠하려고 했더니, 디테일이 입체적이라서 마커가 우묵한 부분 안쪽까지 들어가지 않습니다! 억지로 도료를 짜내서 칠하면 디테일이 메워져 버리니까, 살짝 궁리를 해봅시다.

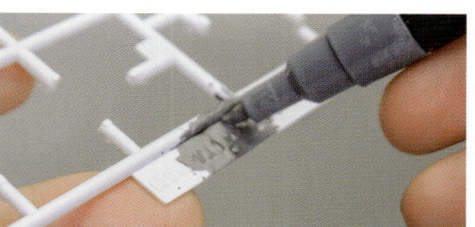 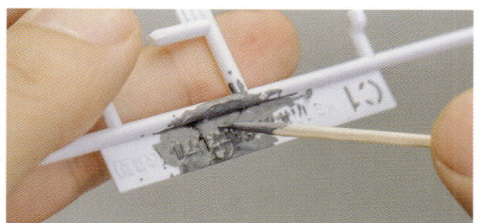 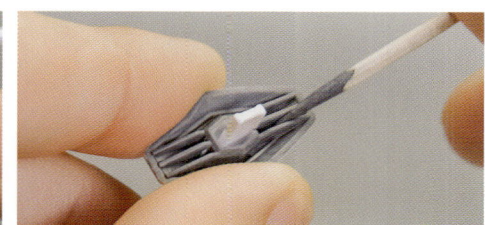

▲이럴 때는 이쑤시개가 출동. 건담 마커 펜촉을 런너에 대고 눌러서 도료를 짜냅니다. 어느 정도 짜냈으면 이쑤시개 끝에 잔뜩 묻혀주세요. 이쑤시개를 붓 대용으로 사용합니다. 그래도 틈에 들어가지 않는다면 이쑤시개 끝을 아트 나이프로 가늘게 깎아주면 됩니다.

▲건담 마커를 이쑤시개에 묻혀서 칠해줍니다. 좁은 틈새에도 문제없이 들어가니까 세세한 부분까지 칠할 수 있습니다. 그래도 부족해! 라고 생각하시는 분은 모형용 붓 구입을 검토해보세요.

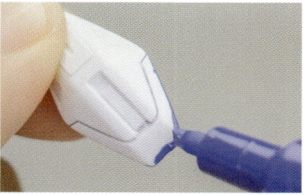   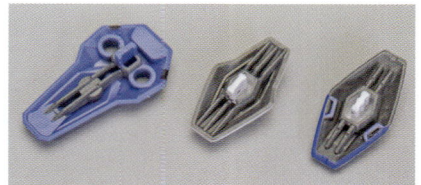

▲중앙의 비트 스테이브는 파란색 색구분을 재현하기 위한 씰이 동봉되어 있지만, 앞면만 있어서 씰 테두리로 보이는 하얀 성형색이 마음에 걸립니다. 여기는 건담 마커 건담 블루로 테두리를 미리 칠한 뒤에 씰을 붙여주세요.

▲테두리를 칠한 상태. 건담 블루는 엄밀히 따지면 에어리얼(개수형)의 파란색과 색감이 다르지만, 아머 안쪽에 있는 부분이고 이 정도로 작은 면적이면 거의 알아보기 힘듭니다.

▲각 비트 스테이브 안쪽. 안쪽을 전부 회색으로 칠하려면 꽤 흔드니까, 한복판의 핀만 칠해줘도 꽤 달라 보입니다.「이런 게 정답이야!」라는 생각을 하게 도면 작업이 진척되지 않으니까, 그냥 내 마음대로 칠해보세요.

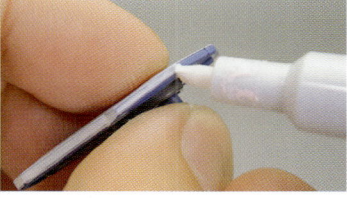 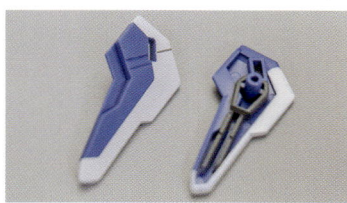  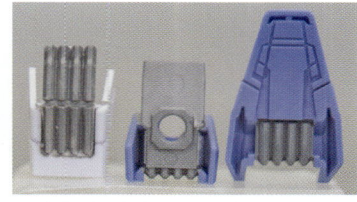

▲허리의 비트 스테이브도 씰이 앞부분만 있으니까, 부족한 부분을 건담 뉴 화이트로 칠해주세요. 흰색은 깔끔하게 색을 내기가 상당히 어려운 색. 한 번에 잔뜩 바르면 마르는 데 오래 걸리거나 표면이 불룩해져서 보기에 좋지 않으니까, 일단 칠한 뒤에 말리고 덧칠을 반복하는 쪽이 좋습니다. 약간 얼룩지더라도 하얀색이 제대로 입혀져 있기만 해도 인상이 크게 달라지니까, 일단 팍팍 칠해보세요.

▲무릎을 살짝 구부렸을 때 보이는 관절 언저리도 건담 그레이로 칠해줍니다. 이런 각 관절의「이어짐」을 보강하는 부분을 의식해서 칠해주면, 조금만 손을 봐도 인상이 크게 달라집니다.

▲발의 핀, 관절 부분도 건담 그레이로 칠해주세요. 여기도 관절의「이어짐」을 보강하는 부분입니다.

### STEP-10 ■메탈릭 컬러를 써보자

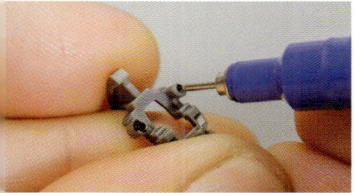  

▲만들다 보면「더 멋지게 만들고 싶어!」라는 기분이 들 때가 있죠. 그럴 때는 머리 발칸포에 메탈릭 컬러를 칠해보세요. 먼저 건담 마커 먹선용 블랙으로 발칸포 포구 안쪽을 까맣게 칠해주세요.

▲건담 마커 건담 실버로 발칸포 포구 주위를 칠해주세요. 작은 면적이라서 칠하기 힘들 것 같지만, 이렇게 튀어나온 디테일에 도료를 얹어주는 정도라면 오히려 마커의 단단한 펜촉이 그리기 쉽습니다.

▲발칸포를 실버로 칠한 상태. 금속적인 질감이 더해지면서 플라스틱의 느낌이 아닌, 진짜 기계 같은 금속적인 이미지를 건프라에 부여할 수 있습니다. 포인트 컬러용으로 실버 마커를 하나쯤 준비해두면 표현의 폭이 크게 넓어집니다.

## ■ 완성! HG 건담 에어리얼(개수형)!!

역대 건담의 후반 주인공 기체의 매력이라면, 보다 세련되고 높은 플레이 밸류가 아닐까요. HG 건담 에어리얼(개수형)도, HG 건담 에어리얼보다 화려해진 비트 스테이브와 롱 레인지 모델로 재조합하는 기믹이 추가된 무장 등, 놀거리가 잔뜩 들어간 키트로 나왔습니다. 성형색을 살리는 방법으로 만들면 움직여도 도색이 벗겨지지 않고, 이 정도 부분 도색이라면 벗겨지더라도 마커로 리터치해서 복구할 수 있습니다. 자, 다 만든 뒤에 마음껏 움직이면서 가지고 놀아보세요!

▲어깨 관절 프레임 부분에는 건담 마커 실버를 칠해서 번쩍 빛나는 악센트를 줬습니다.

◀부품 D24, D25 등의 파란 비트 스테이브. 하얀 테두리는 씰로 다 처리하지 못하는 부분이니까, 건담 마커로 테두리를 칠해줬습니다.

▲슬릿 모양 몰드가 들어간 기체 각 부분의 노란 부분에는 리얼 터치 마커 오렌지로 먹선을. 슬릿의 윤곽이 확 두드러집니다.

▼작례의 머리(사진 아래)는 안테나의 플래그 처리와 먹선, 발칸포 포구를 부분 도색. 하얀 바탕에 검정색 먹선은, 몰드가 너무 강조돼서 지저분해 보일 수 있으니까, 회색 먹선이 무난합니다.

▲키트 스트레이트 빌드(사진 왼쪽)와 비교. 외형에는 손대지 않았지만, 먹선과 부분 도색 덕분에 설정자료와 가까운 인상이 되는 동시에, 더욱 날렵한 인상이 됐습니다. 마커 부분 도색이 귀찮다면, 먹선만 넣어줘도 인상이 크게 달라지니까 꼭 해보세요.
▼사진 왼쪽이 스트레이트 빌드, 오른쪽이 작례. 뒤꿈치의 회색은 성형색으로 표현되지 않아서 마커로 부분 도색. 효과가 절대적이니까 꼭 도전해보셨으면 하는 포인트입니다.

◀◀동봉된 빔 라이플에 교체용 부품을 추가, 그리고 11기의 비트 스테이브를 조합해서 건비트 라이플로. 각 비트 스테이브의 슬릿을 마커로 칠해주면 효과가 절대적입니다. 합체해서 밀집했을 때의 인상이 극적으로 좋아집니다.

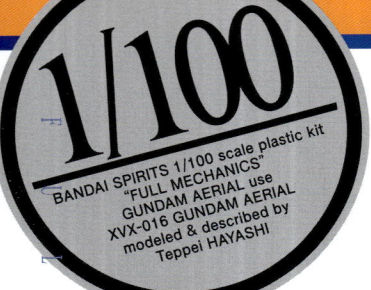

# FULL MECHANICS 건담 에어리얼 제작 가이드①

## XVX-016 건담 에어리얼
## 부품 다듬기, 먹선 넣기, 스프레이 부분 도색편

BANDAI SPIRITS 1/100 스케일 플라스틱 키트
'FULL MECHANICS' 건담 에어리얼 사용
### XVX-016 건담 에어리얼
제작·해설 / 하야시 텟페이

건담 에어리얼 제작 가이드 1/100편의 테마는 FULL MECHANICS 건담 에어리얼입니다! 이 키트는 클리어 부품과 코팅 부품을 조합해서 재현한 셀 유닛이 재미있어서, 그 질감을 살려서 만들고자 합니다. 언더 게이트 처리와 먹선은 물론이고, 설정 자료의 이미지에 따른 밝은 메탈릭 옐로 부분 도색과 테트론 씰 붙이는 방법까지 차근차근 설명하겠습니다! 이 How to를 참고해서 그냥 조립하는 것보다 훨씬 업그레이드된 에어리얼을 손에 넣어보세요!

### 사용할 공구, 도구

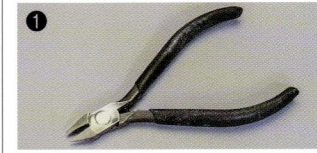

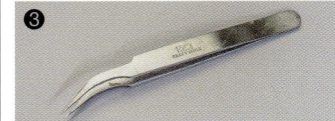
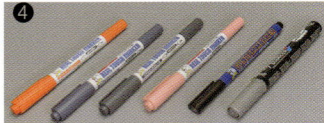

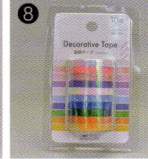

■공구류
❶프라모델용 니퍼. 건프라를 처음 만든다면 평범한 양날 니퍼를 추천합니다.
❷아트 나이프. 런너에서 떼어낸 부품의 게이트를 다듬을 때 사용. ❸핀셋을 사용하면 작은 씰도 간단히 집을 수 있어서, 작업이 상당히 편해집니다.

■마테리얼
❹간단 도색에서 빼놓을 수 없는 각종 마커. 리얼 터치 마커는 먹선에. 건담 마커 먹선용은 우묵한 디테일을 칠하기 위해. 4아티스트 마커는 작은 곳을 칠하는 데 사용합니다. ❺수성 하비 컬러 저먼 그레이. 1/100 스케일에 흰색 바탕인 MS의 경우, 장갑 안쪽을 어두운 색으로 칠해주면 전체적인 인상이 좋아집니다. ❻타미야 스프레이 골드. 건프라에 메탈릭 컬러를 부분적으로 넣어주면 상당히 멋져 보이는데, 여기서 편리한 도구가 메탈릭계 도료 스프레이. 런너채로 칠할 수 있고, 붓처럼 자국이 생기지도 않습니다. ❼프리미엄 탑코트 무광. 수성 무광 스프레이. 고운 무광 표면으로 마감할 수 있는 데다 백화가 잘 일어나지 않고, 누가 사용해도 안정된 성능을 발휘하는 훌륭한 큰 스프레이입니다. ❽메탈릭 테이프. FULL MECHANICS 에어리얼에는 센서류를 재현하기 위한 메탈릭 씰이 들어 있지 않으니까, 그 대신 이걸 붙여보겠습니다. 이번에는 100엔 숍에서 구입한 것을 사용했습니다.

## STEP-1 ■언더 게이트를 잘라내자

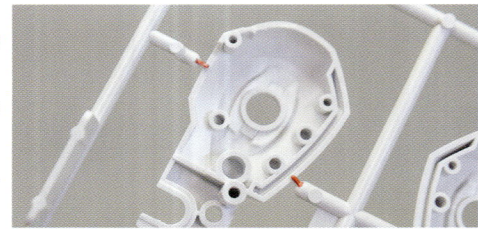 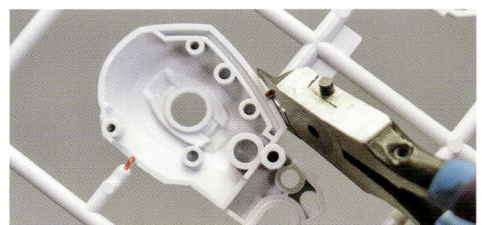 

▲FULL MECHANICS 에어리얼의 하얀 런너의 게이트 부분. 부품 뒤쪽에 게이트가 있어서 완성한 뒤에 게이트 자국이 눈에 띄지 않는 「언더 게이트」입니다. 이 부품을 잘라내겠습니다.

▲먼저 보통 부품을 떼어낼 때처럼 게이트를 조금 남기고 잘라주세요.

▲언더 게이트는 두 번 자르기만 해도 충분합니다만, 니퍼만 사용하면 게이트가 조금 남아서 부품을 조립할 틈새가 생길 수도 있습니다. 그런 부분은 아트 나이프로 꼼꼼하게 제거해주세요. 깔끔하게 맞물리게 됩니다.

## STEP-2 ■장갑 안쪽을 칠해보자

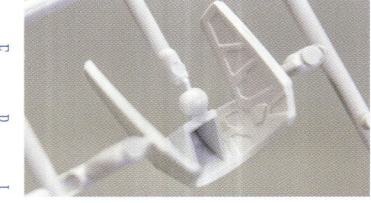  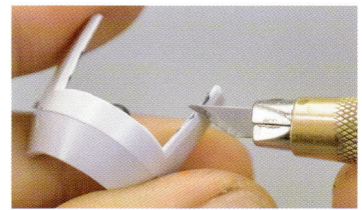 

▲1/100 정도 스케일 건프라의 경우에는 어깨 아머 등 장갑 안쪽을 성형색 그대로 두면 뭔가 전체적으로 장난감처럼 보일 때가 있습니다. 그래서 안쪽에 그림자 색을 칠해서 전체적으로 리얼하게 만들어보겠습니다.

▲수성 하비 컬러 저먼 그레이를 붓으로 칠합니다. 부품이 런너에 있는 상태에서 칠하면 굳이 손잡이를 만들 필요가 없어서 빠르게 작업할 수 있습니다. 약간 삐져나와도 신경 쓰지 말고 칠해 나가세요.

▲삐져나온 도료는 아트 나이프 날 끝으로 깎아주세요. 성형색을 살려서 만들 때만 가능한 방법입니다. 간단하고, 면적이 작으면 용제로 닦는 것보다 깔끔합니다.

▲발목 아머 안쪽을 칠한 상태. 안쪽이 그림자 색이 되면서 중량감과 리얼리티가 크게 좋아졌습니다. 약간 얼룩이 지더라도 조립하면 거의 보이지 않으니까 아무 문제 없습니다.

## STEP-3 ■ 먹선을 넣어보자

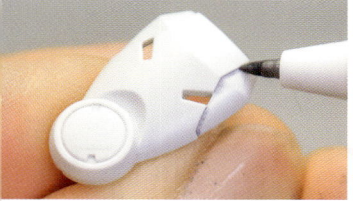  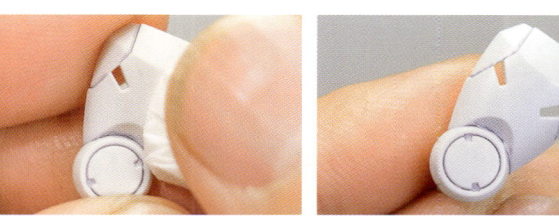

▲FULL MECHANICS 에어리얼의 매력은 정밀한 몰드 등의 섬세한 디테일 표현입니다. 강조하기 위해 먹선을 넣겠습니다. 먼저 리얼 터치 마커 그레이1으로 몰드와 디테일 부분에 그어주세요.

▲약간 삐져나온 부분은 손으로 살살 닦아주면 됩니다. 그래도 안 닦이면 티슈로 닦아내면 문제없습니다. 특별한 것을 사용하지 않아도, 일상적이고 흔한 것만으로도 작업할 수 있어서 아주 간편합니다. 그러니까 삐져나와도 신경 쓰지 마세요.

▲먹선을 넣은 상태. 디테일에 색이 입혀져 인상이 업그레이드. 하얀 부품에 검은색 먹선은, 디테일이 너무 강조되어 지저분해지기도 하지만, 리얼 터치 마커 그레이1은 옅은 퍼플 그레이라서 청결한 느낌입니다.

 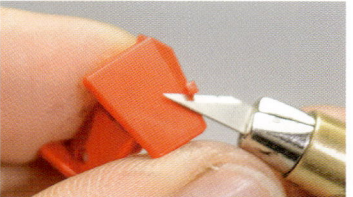  

▲회색 관절 부분에는 그레이1보다 짙은 그레이2로 먹선을 넣습니다. 슥 칠해주고 손가락으로 닦아서 살짝 그림자가 생긴 정도까지만 해줘도 입체감이 크게 좋아집니다.

▲빨간색 부분은 게이트 자국이 하얗게 변색되기 쉬운 부분. 여기는 리얼 터치 핑크로 리터치. 성형색보다 옅은 색이라서 자연스럽게 어우러지면서 게이트 자국을 가려줍니다.

▲가슴 안쪽 등, 설정에서는 구멍이 있거나 골이 깊은 디테일 부분은 건담 마커 먹선용 블랙을 사용합니다. 그림자 짙은 부분을 새카맣게 칠해주면 완성했을 때 포인트가 됩니다.

▲먹선을 넣은 부품을 조립합니다. 나중에 무광 마감제를 뿌린 뒤에 클리어나 코팅 부품을 끼우기 위해, 부품을 끝까지 끼우지 않고 살짝만 끼워서 나중에 분해할 수 있도록 해두세요.

## STEP-4 ■ 테트론 씰을 붙여보자

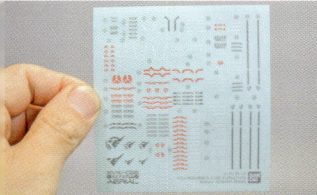 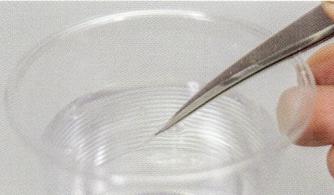 

▲키트에는 세세한 주의 마크 등을 재현하기 위한 테트론 씰이 동봉되어 있습니다. 얇고 접착력이 강해서, 붙이기만 해도 리얼리티가 살아나는 훌륭한 물건입니다.

▲테트론 씰은 접착력이 강하고 잘 떨어지지 않는 게 특징입니다. 그대로 붙이면 위치를 잡기 힘들 수도 있습니다. 그럴 때는 접착면에 물을 묻혀보세요. 일시적으로 접착력이 완화돼서 부품 위에서 움직일 수 있게 되고, 위치를 잡기 편해집니다. 물을 너무 많이 묻혔을 때는 붙인 뒤에 티슈로 닦아내면 됩니다. 그리고 핀셋을 사용하면 작은 씰이라도 쉽게 집을 수 있고, 간단히 원하는 부분에 붙일 수 있습니다.

▲테트론 씰을 붙인 상태. 위치를 딱 맞췄습니다. 접착면에 물을 묻혀도 접착력은 거의 달라지지 않으니까, 단차에 걸쳐서 붙이거나 간섭하는 부분에 붙이지 않는 한은 잘 떨어지지 않으니까 걱정하지 마세요.

## STEP-5 ■ 메탈릭 스프레이로 그레이드 업

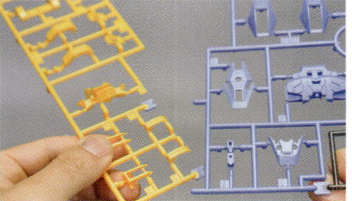   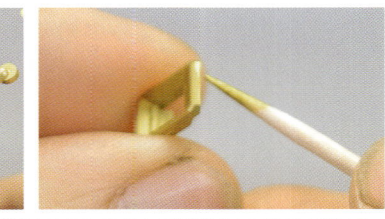

▲반짝반짝 빛나는 메탈릭 컬러로 포인트를 주면, 건프라가 아주 멋지게 보입니다. 이번에는 노란색 부품에 금색을 칠해서 그레이드 업 해보겠습니다. 먼저 런너에서 노란색 런너를 떼어냅니다.

▲런너에 손잡이를 달아주고 단번에 칠하는 「런너 도색」 타미야 스프레이 골드를 여러 번에 나눠서 전체적으로 뿌려줍니다. 메탈릭 컬러는 도료 입자가 무거워서, 100번 정도는 흔들어 잘 섞어주세요.

▲칠한 런너에서 부품을 떼어내세요. 자른 부분에 원래 노란색이 남으면 완성한 뒤에도 눈에 띕니다. 여기는 캔 스프레이 도료를 종이컵에 담고, 이쑤시개에 도료를 묻히고 톡톡 두드리며 색을 입혀서 리터치해주세요.

## STEP-6 ■ 무광 마감과 조립

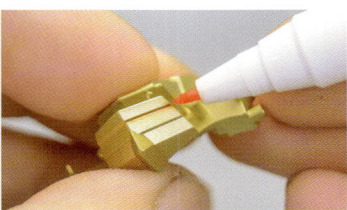  

▲금색으로 칠한 부품에는 리얼 터치 마커의 리얼 터치 오렌지로 먹선을 넣었습니다. 리얼 터치 마커는 차폐력이 약하다 보니 밑색인 메탈릭이 비치면서 먹선을 넣은 부분이 캔디 컬러 같은 상태가 되기에, 메탈릭 부품의 디테일을 더욱 두드러지게 해줍니다.

▲먹선과 테트론 씰 붙이기까지 끝났으면 프리미엄 탑코트 무광으로 전체의 광택을 정리합니다. 부품을 무광으로 처리하면 플라스틱 특유의 완구 같은 번들거리는 느낌이 사라집니다. 여기서 주의할 점은, 앞서 금색으로 칠한 부품이나 코팅 클리어 부품은 장착하지 않고 뿌려야 합니다. 클리어나 코팅, 금속 질감이 사라지는 것을 막기 위해, 그런 부품들은 빼놓고, 어느 정도 부위별로 구분해서 손잡이를 달고, 마감제를 뿌려주세요. 스티로폼 등 손잡이를 꽂아놓을 데가 있으면 편합니다.

BANDAI SPIRITS 1/100 scale plastic kit "FULL MECHANICS"GUNDAM AERIAL use XVX-016 GUNDAM AERIAL modeled & described by Teppei HAYASHI

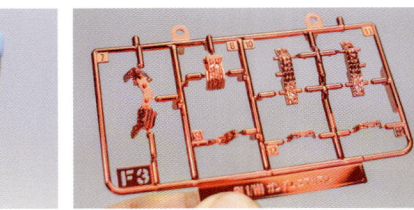

▲여기서부터는 무광 마감한 부품에 클리어와 코팅 부품을 끼워줍니다. 이것은 무광 마감한 몸통 부품. 핀을 가볍게 걸쳐놓은 상태였으니까, 일단 가슴의 파란 부품을 빼주세요.

▲가슴 아래쪽 디테일은 외장을 장착해도 상당히 눈에 띄는 부분입니다. 여기는 간단히 도금 느낌을 줄 수 있는 4아티스트 마커로 칠해서 악센트를 줍니다. 마커 펜촉으로 칠하기는 힘드니까, 일단 마커를 런너 태그 등에 눌러서 도료를 짜내고, 세필에 묻혀서 칠해줍니다. 삐져나온 부분은 아트 나이프 날 끝으로 깎아내서 대처하면 됩니다.

▲FULL MECHANICS 에어리얼의 매력인 셀 유닛을 재현한 빨간 코팅 부품. 정밀한 디테일이 각인되어 있는데, 무리해서 먹선을 넣을 필요 없이 클리어 부품을 얹어주기만 해도 상당히 멋지게 완성됩니다.

▲메탈릭 도색한 부품, 코팅 부품을 조립합니다. 4아티스트 마커로 칠한 부분은 도막이 약해서 건드리면 지문이 묻거나, 손에 묻은 도료가 다른 부분에도 묻을 수 있으니까 주의하세요.

▲클리어 부품을 떼어냅니다. 클리어 부품은 다른 부품보다 딱딱하고 갈라지기 쉬운 데다, 두 번 자르기를 하면 하얗게 변색되는 경우도 많습니다. 아트 나이프로 꼼꼼하게 게이트를 자릅니다.

▲클리어 부품을 장착합니다. 이번 방법은 설명서 순서대로 만드는 게 아니다 보니, 부품이 잘 들어가지 않을 수도 있습니다. 억지로 끼우다 부품이 파손될 수 있으므로, 설명서를 잘 확인해주세요.

▲몸통을 다 조립한 상태. 무광 외장, 메탈릭 도색, 코팅 부품을 내장한 셀 유닛 등, 각각 질감이 다른 부품을 사용해서 포인트를 줬습니다.

### STEP-7 ■트윈 아이를 빛나게 하자

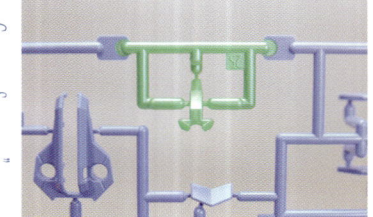

▲트윈 아이가 초록색 성형색으로 재현되었습니다. 그래서 시판 메탈릭 테이프로 빛나는 눈을 재현해보겠습니다.

▲초록색 메탈릭 테이프를 트윈 아이에 붙이고, 삐져나온 부분을 아트 나이프로 잘 라주세요. 트윈 아이 모양을 따라서 아트 나이프 칼끝을 움직이기만 하면 되니까, 보기보다 쉬운 작업입니다.

▲전체를 무광으로 마감하고 마지막에 조립하면 완성입니다. 트윈 아이가 빛나기만 해도 훨씬 멋있어 보입니다.

## ■완성! FULL MECHANICS 건담 에어리얼!

새로운 1/100 건담 키트가 발매될 때마다 그 진화에 놀랍니다. 이번에 제작한 FULL MECHANICS 에어리얼… 정말 대단합니다. 애니메이션의 이미지와 설정 자료를 존중해서 어레인지를 최소한으로 줄이면서도 가동범위를 확대하고, 스케일에 맞춰 디테일을 추가하는 등, 눈이 휘둥그레지는 포인트가 잔뜩 있습니다. 그리고 무엇보다, 놀라울 정도로 조립하기 쉽습니다! 모든 부품이 색분할 되어 있어서, 간단 마감 정도가 아니라 전체 도색을 해도 HG 에어리얼보다 쉽게 완성할 수 있지 않을까요. 직접 만든 건프라를 완성하면 특별히 기쁜 법. 꼭 한번 만들어보세요!

MOBILE SUIT GUNDAM THE WITCH FROM MERCURY **GUNPLA BEGINNER'S BIBLE**

스트레이트 빌드

작례

▲스트레이트 빌드(사진 왼쪽)과 이번에 만든 건담 에어리얼(사진 오른쪽)을 비교. 전체적으로 무광에 번쩍이는 메탈릭과 코팅 부품의 질감이 어우러지면서, 전체적으로 다부진 인상을 줍니다.
▼FULL MECHANICS 에어리얼은 넓은 가동 범위도 추천 포인트입니다. 이번처럼 부분 도색으로 만들면 마음껏 움직여도 됩니다.

▲상반신 비교. 작례에서는 어깨 아거 안쪽을 검게 칠하고 다른 부분도 칠한 덕분에 정보량이 늘어나고 훨씬 멋지게 보입니다.

015

## FULL MECHANICS 건담 에어리얼 제작 가이드 ②

# XVX-016 건담 에어리얼 퍼멧 스코어 식스 도색편

BANDAI SPIRITS 1/100 스케일 플라스틱 키트
'FULL MECHANICS' 건담 에어리얼 사용

### XVX-016 건담 에어리얼 퍼멧 스코어 식스

제작·해설 / **켄타로**

> **켄타로**
> 캐릭터 키트부터 스케일 모델까지, 다양한 프라모델을 좋아하는 나이스 가이.

하야시 텟페이 씨의 1/100 FULL MECHANICS 건담 에어리얼 간단 제작 가이드에 이어, FULL MECHANICS를 사용한 도색 작례를 켄타로 씨가 해설. Season 1에서 퍼멧 스코어 식스에 도달하고 셀 유닛이 파랗게 빛나는 상태가 된 에어리얼은 1/100 스케일로 발매되지 않았으니까, 도색으로 도전해보기로 했습니다. 에어브러시 도색 순서와 부품 다듬기의 힌트가 가득하니까, 셀 유닛이 파란 1/100 에어리얼을 만들고 싶은 분은 꼭 참고해보세요.

## STEP-1 ■도색 전 부품 다듬기

   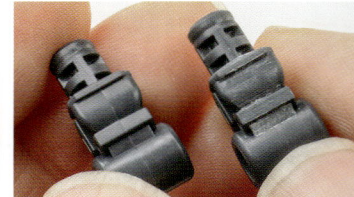

▲일단 부품을 전부 떼어내는 것부터 시작합니다. 부품에서 떨어진 부분에서 런너를 자르고, 니퍼를 좀 더 부품에 가깝게 대고서 남은 게이트를 자르는 「두 번 자르기」로 잘라주세요.

▲게이트를 자른 자국이 남아 있으니까 사포로 다듬어줍니다. 한 번에 잘라버리면 절단면이 많이 거칠어지고, 게이트 자국을 깔끔하게 정리하기 힘들어집니다. 두 번 자르기는 그것을 막아줍니다.

▲부품에는 금형 사출 관계상 파팅 라인이라고 부르는 약간의 단차가 생기기도 합니다. 이것은 아트 나이프로, 힘을 많이 주지 않고 옆으로 슬라이드하며 표면을 깎아내서 처리합니다.

▲부품 가운데에 있는 파팅 라인은 눈에 띄니까, 처리해주면 부품의 인상이 크게 좋아집니다. 거의 부품 한쪽에 있어서 잘 눈에 띄지 않지만, 일단 발견하면 대처하는 편이 좋습니다.

## STEP-2 ■언더 게이트 처리

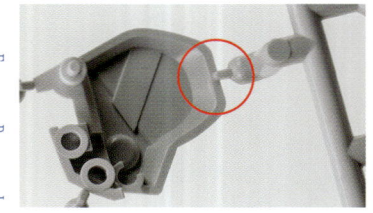 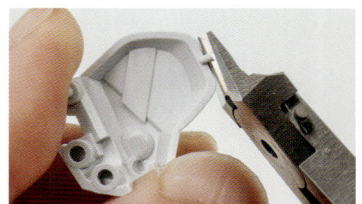 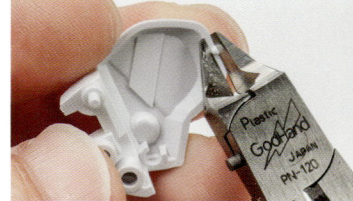 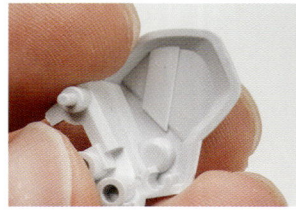

▲게이트가 부품 뒷면에 있는 「언더 게이트」. 뒤쪽이라서 게이트 자국이 눈에 띄지 않는 이점이 있지만, 부위에 따라서는 깔끔하게 자르지 않으면 부품이 맞물리지 않게 되는 약간 귀찮은 부분입니다.

▲일단 보통 부품과 마찬가지로 두 번 자르기로 부품 바깥에 있는 게이트를 잘라주세요. 여기를 깨끗하게 처리해야 언더 부분도 잘 처리할 수 있습니다.

▲이번에는 니퍼를 부품 가장자리에 맞춰서 남은 언더 부분을 절단. 사진 같은 외날 니퍼의 경우에는 날이 두꺼운 쪽을 부품 바깥쪽을 향해 잘라주면 절단면이 깔끔합니다.

▲여기까지 깔끔하게 잘랐으면 이제 보통 게이트처럼 사포 등으로 정리해서 처리 완료. 이런 게이트 자국은 깜박하는 경우도 많으니까, 부품 떼어내기와 동시에 해주는 쪽이 좋습니다.

MOBILE SUIT GUNDAM THE WITCH FROM MERCURY **GUNPLA BEGINNER'S BIBLE**

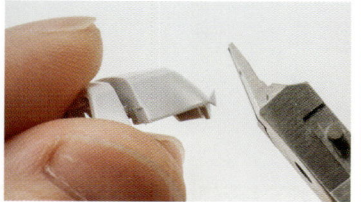   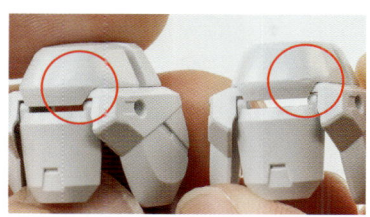

▲가끔씩 커다란 게이트가 달린 부품도. 특히 사진처럼 부품 엣지 부분에 게이트가 달린 경우에는 주의. 게이트를 잘못 자르면 니퍼 날이 미끄러져서 부품을 파먹는 경우도 있습니다.

▲이럴 때는 게이트에 신중하고 얕게 니퍼를 대고, 게이트를 조금씩 깎아내듯이 자르면 니퍼가 미끄러지는 것을 방지할 수 있습니다.

▲그리고 각이 뭉개지지 않도록, 게이트 자국과 파팅 라인을 사포로 연마해서 제거합니다. 600번 정도 사포로 가볍게 처리해주세요.

▲왼쪽은 다듬은 뒤, 오른쪽은 부품을 파먹은 예. 부품의 원래 모습을 유지하도록 꼼꼼하게 처리해주세요. 오른쪽 상태도 사포로 위아래를 연마해서 엣지를 어떻게든 다시 만들어주면 됩니다.

## STEP-3 ■파팅 라인, 지느러미 처리

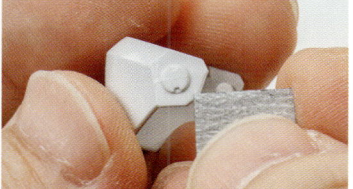 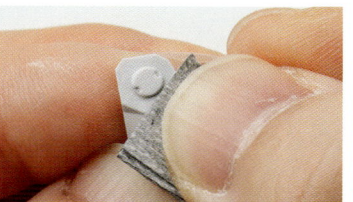  

▲어깨 아머 디테일 위에 파팅 라인이 가로지릅니다. 여기도 꼼꼼하게, 접어서 뻣뻣하게 만든 종이 사포로 라인을 하나하나 정리합니다.

▲포인트는 너무 많이 갈아내지 않기. 특히 테두리 부분은 너무 갈아내면 엣지가 뭉개지기 쉽습니다. 접은 종이 사포 끝을 라인 끝에 잘 대고, 필요한 부분만 조금씩 정리하세요.

▲허리 부품을 자세히 보면 얇은 뭔가가 붙어 있습니다. 일명 「지느러미」라고 부르는데, 가끔씩 부품 끝에 붙어 있습니다. 이것도 원래는 없어야 하는 것이니까 잘 제거해주세요.

▲얇고 단순한 것은 아트 나이프로 잘라내기만 하면 됩니다. 얇으니까 칼로 깎아서 제거했지만, 두꺼운 경우에는 절단→사포로 정리합니다.

## STEP-4 ■몰드를 잘라버렸다!

  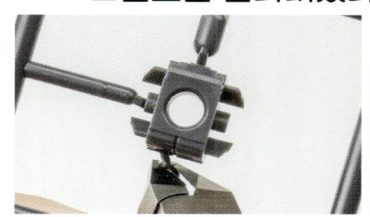 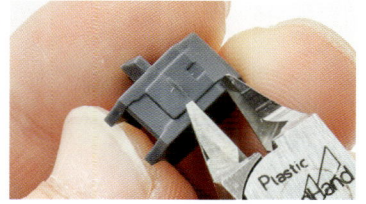

▲아주 조금 남았을 때는 종이 사포 등으로 정리해주세요. 이런 지느러미는 놓치기 쉬우니까, 게이트를 처리할 때 전체를 보면서 체크하세요.

▲이렇게 부품의 테두리가 랜덤하게 울퉁불퉁한 것도 지느러미입니다. 조립 자체에는 영향을 주지 않지만 보기에 좋지 않으니까, 붙어 있는 면을 사포로 정리해주세요.

▲위팔의 이 부품은 게이트가 조금 특수하게 달렸는데, 디테일 위에 게이트가 존재하니까 조심해서 잘라야 합니다. 일단 런너에서 떼어내 주세요.

▲바로 사고 쳤습니다. 이 부분은 볼록 디테일이었는데, 게이트와 같이 잘라버렸습니다. 디테일과 게이트 위치를 잘 확인해야 합니다.

 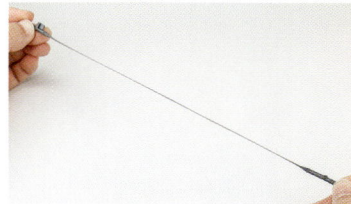  

▲이대로 두면 억울하니까, 일단 파팅 라인을 사포로 처리. 디테일이 없어진 만큼 처리가 편해졌다는 생각으로 가봅시다.

▲적당한 런너 조각을 조금 깎아서 위아래로 평평한 면을 만들고, 불로 살짝 달군 뒤에 천천히 좌우로 잡아당겨 주세요. 이것이 「런너 늘리기」라는 아이디어입니다. 불을 다룰 때는 꼭 조심하세요.

▲늘린 런너를 디테일이 사라져버린 위치에 접착하고 좌우를 잘라줍니다. 늘린 런너는 당기는 힘과 속도로 크기를 조절할 수 있으니까, 적당한 크기가 나오도록 잘 조절하면서 여러 번 시도해보세요.

▲사진 왼쪽이 늘린 런너로 수복한 상태. 오른쪽 부품과 같은 디테일이 부활했습니다. 같은 런너로 만들었으니까 색도 같고 소재도 같습니다. 도색하지 않을 때도 효과적인 테크닉입니다.

## STEP-5 ■도색을 고려한 핀 결합 조절

▲이번 키트는 눈에 띄는 접합선이 없고 색 구분도 훌륭합니다. 그래서 도색하기 위해 분해하거나, 도색하는 중에 깨지는 것을 방지하기 위해 핀을 조금 잘라주세요.

▲핀을 30% 정도 잘라내서 분리하기 쉽게 해줬습니다. 도색하면 핀이 도막 두께만큼 굵어지는데, 그것 때문에 조립이 안 되는 일도 막아줍니다.

▲허벅지 등에 있는 굵은 핀은 구멍 쪽을 잘라주세요. 완성하면 안 보이는 부분이니까 니퍼로 잘라도 됩니다.

▲노란 부품은 무릎 가동에 연동하는 재미있는 부품입니다. 특수한 방법으로 조립하는 부품인데, 도색하기 전에 분해할 때 파손되지 않도록 주의하세요. 무릎은 각 블록마다 나눠서 칠하는 게 좋을 것 같습니다.

## STEP-6 ■ 아주 간단한 프로포션 공작

▲전체를 조립해서 확인해보니 허벅지가 과도하게 벌어지는 느낌이 들어서, 고관절 축받이 쪽을 짧게 줄여서 밀착시키기로 했습니다. 마스킹 테이프를 붙여서 자를 곳을 표시했습니다.

▲먼저 니퍼로 대충 잘라주세요. 마스킹 테이프를 따라서 한 바퀴 돌려서 잘라줍니다. 가공도 게이트와 마찬가지로 니퍼, 나이프, 사포 순서로 정밀도를 높여주세요.

▲단면을 사포로 다듬어주세요. 마스킹 테이프를 기준으로 삼은 덕분에 일정한 길이로 잘랐습니다. 마스킹 테이프는 이런 작업에도 편리합니다.

▲고관절 축받이에 맞춰서 축도 짧게 잘라줬습니다. 실물을 맞춰서 확인해가며 조금씩 잘라주세요. 이걸로 허벅지가 허리에 더 밀착되게 됐습니다.

▲발목도 조금 늘려주겠습니다. 축에 적당한 원형 파이프를 끼워서, 관절을 띄워주는 형태로 연장했습니다. 여기도 축 길이에 여유가 있어서, 약간 띄워줘도 관절 강도에는 영향이 없습니다.

▲팔도 약간 늘려주고 싶어서, 팔꿈치에 적당한 플라스틱 링을 끼워줬습니다. 이런 관절 연장은 키트를 자를 필요가 거의 없어서, 검토도 작업도 하기 쉽다는 장점이 있습니다.

BEFORE
◀먼저 전체를 보고 어떤 프로포션으로 보이는지 확인합니다. 완성도가 높은 키트라서, 조금만 취향대로 바꿔보겠습니다. 관절을 풀어서 길이를 여러모로 바꿔보며 검토했습니다.

AFTER
◀프로포션 조정 후. 허리 위쪽이 머 밖으로 크게 나와 있던 허벅지가 들어가고, 팔과 발목을 늘린 덕에 스마트한 인상이 됐습니다.

## STEP-7 ■ 안테나를 샤프하게

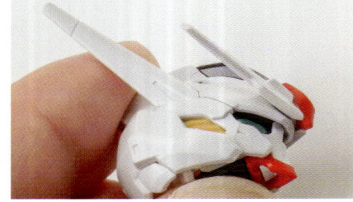
▲1/100 사이즈에서는 안테나에 안전대책용 플래그가 없지만, 아무래도 좀 두껍다는 느낌이 들어서 전체적으로 조금 얇게 깎아주기로 했습니다.

▲뒤쪽부터 깎는 것이 기본이자 시작입니다. 앞에서 봤을 때 균형이 달라지지 않도록 신경 써서 균일하게, 끝쪽을 향해서 조금씩 깎아줍니다. 앞쪽도 살짝 깔끔하게 해주는 정도로 깎아줬습니다.

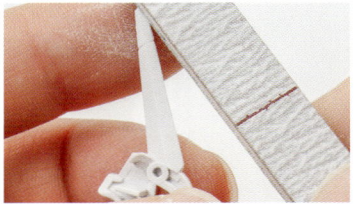
▲측두부 안테나는 겉면의 둥그스름한 느낌을 조금 잡아주는 것처럼 평평하게 깎아주고, 그 뒤에 뒤쪽에서 얇게 깎아줬습니다. 양쪽에서 조금씩, 봉우리의 라인이 무너지지 않도록 조심해주세요.

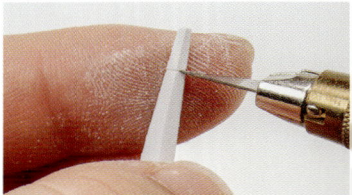
▲작업 중에 몰드가 사라지게 되니까, 미리 나이프로 살짝 깊이 새겨주면 복구하기 편합니다. 마지막에 한 번 더 나이프로 몰드를 정리하면 안테나 가공은 끝.

## STEP-8 ■ 코팅 부품 탈색

▲이번에는 셀 유닛의 색을 바꿀 테니까, 먼저 빨간색을 빼줍니다. 사전에 남는 런너로 확인해보겠습니다. 래커계 도료 희석액에 담가놓으니 표면의 붉은색만 빠졌습니다.

▲자, 실전. 부품을 희석액에 담가줍니다. 부품을 용제에 오래 담가두면 좋지 않으니까, 한번 살짝 담갔다가 꺼내주세요. 움푹한 부분에는 아직 빨간색이 남아 있으니까, 한 번 더 담가주세요.

▲두 번째로 담근 상태. 아직도 빨간색이 이렇게 나옵니다. 부품을 다시 건져서 희석액을 닦아주세요. 표면에서 빨간색이 완전히 없어지면 작업 종료.

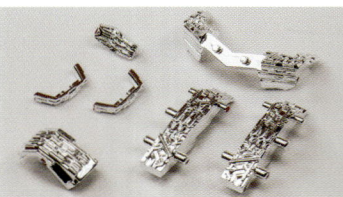
▲빨간색이 완전히 빠져서 은색 코팅만 남았습니다. 이번에는 여기에 파란색을 칠해서 색을 바꾸겠습니다. 다시 말씀드립니다만, 먼저 런너 등을 써서 시험해보고 진행하세요.

## STEP-9 ■ 드디어 도색 개시!

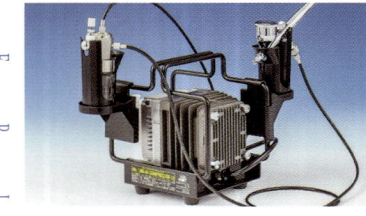
▲이번에는 에어브러시로 칠하겠습니다. 에어브러시는 넓은 면적에 도료를 균일하게 칠하는 것이 특기니까, 이번 작례의 테마인 퍼멧 스코어 식스의 빛, 코팅 부품 도색과 전체적인 펄 도포 등에서 힘을 발휘하겠죠.

▲도색하기 위해 일단 조립한 키트를 다시 분해합니다. 이러기 위해서 미리 부품의 핀 등을 잘라놨습니다. 부품을 칠할 색에 따라 구분해주세요.

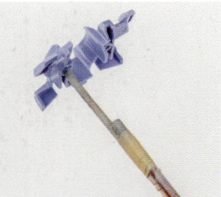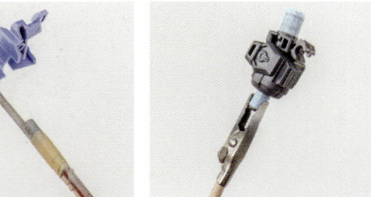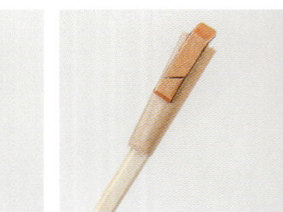
▲에어브러시로 칠할 때는 손잡이를 만들어주면 칠하기 편합니다. 사진 왼쪽은 끝을 자른 이쑤시개를 핀 구멍에 꽂고, 런너 등의 막대에 마스킹 테이프로 고정한 것. 중앙은 Mr.고양이 손 집게 봉. 가동축이나 핀을 집어서 도색하기 편하게 해주는 편리한 도구로, 모형점 등에서 구입할 수 있습니다. 오른쪽은 나무젓가락에 덕트 테이프를 뒤집어서 감거나 양면테이프로 붙인 것. 평평한 부품이나 많은 부품을 단번에 칠할 때 편리합니다.

▲관절 등의 회색으로, 이 세 가지 색을 프라판에 칠해서 색감을 검토, 왼쪽의 332번은 너무 밝아서 본체와 동화될 것 같으니까 무기에 사용합니다. 메인 관절은 306번, 무기 등은 37번으로.

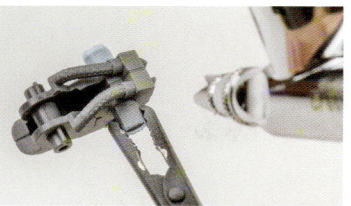
▲에어브러시에 희석한 도료를 담고서 열심히 뿌려줍니다. 가동축 부분은 도막 두께 때문에 조립하기 힘들거나 움직임이 뻑뻑해지는 것을 막기 위해서 마스킹 테이프를 감아뒀습니다.

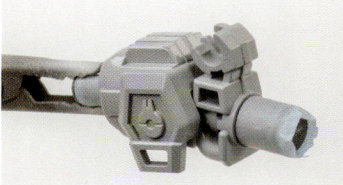
▲조금 전 부품처럼 한 번에 전체를 칠하는 부분은 편하지만, 부품을 분해할 수 없는 관절 등은 약간 곤란합니다. 이런 경우에는 일단 전체를 칠합니다. 보이는 곳은 전부.

▲잘 말린 뒤에 가동부를 움직입니다. 칠해지지 않은 부분이 나오니까, 이번에는 거기를 칠합니다. 이런 관절은 한 번에 칠할 수 없으니까, 두 번에 나눠 칠하면 효과적입니다.

## STEP-10 ■짙은 회색 칠하기

▲기체 각 부분의 슬릿형 몰드에는 짙은 회색을 칠합니다. 실드 기부에도 몰드가 있어서, 밝은 회색을 칠한 뒤에 마스킹을 하고, 작은 틀을 만든 뒤에 다시 테이프로 덮어줍니다.

▲밝은 회색을 칠한 부품들. 집게 등의 손잡이는 다른 색에도 사용해야 하니까 빼주고, 회색 부품은 먼지가 묻지 않게 상자 등에 보관해주세요.

▲허리도 짙은 회색으로 칠합니다. RLM 그레이 바이올렛은 성형색 회색보다 조금 진하고, 바이올렛이라는 이름대로 약간 푸르스름해서 인상에 포인트를 줄 수 있는 편리한 회색입니다.

▲라이플도 전체를 칠합니다. 손잡이는 런너와 1㎜ 황동봉을 조합해서 자작했습니다. 잡을 곳이 없는 부품을 칠할 때, 구멍만 뚫어주면 손잡이가 되는 편리한 도구입니다.

▲발바닥도 밝은 회색에서 짙은 회색 순서로 칠합니다. 마스킹이 힘들기는 하지만, 효과가 좋으니까 새는 곳이 없도록 잘 붙이고 칠해주세요.

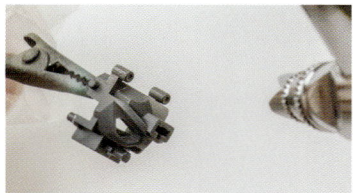
▲발칸포 부분은 회색으로 칠합니다. 이 뒤에 눈가는 검은색으로 칠할 테니까, 도료는 발칸포 부분에만 집중하고 나머지는 그대로 둡니다.

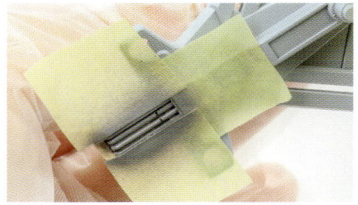
▲실드 뒤쪽을 마스킹해서 칠했습니다. 에어브러시 도료가 뿌려지는 부분만 가려주면 되니까, 너무 크게 해줄 필요는 없습니다. 삐져나온 부분은 붓으로 리터치 해주세요.

▲눈가를 검은색으로 칠하기 위해서 발칸포 부분을 마스킹했습니다. 작게 자른 테이프로 감싸주기만 하면 되니까 아주 편합니다. 엄밀함과 속도를 양립시켜가며 마스킹을 해주세요.

## STEP-11 ■흰색 칠하기

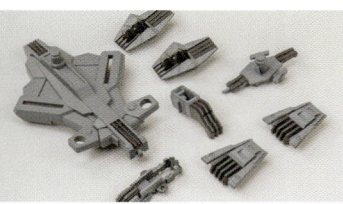
▲회색을 여러 가지로 구분해서 사용하니까 부품의 인상이 크게 달라 보입니다. 이번에는 슬릿 부분에는 짙은 회색, 프레임은 밝은 회색으로. 관절은 본체보다 더 모델러의 개성이 드러나는 부분.

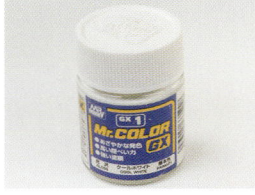
▲흰색은 GX 컬러 쿨 화이트를 사용합니다. 차폐력이 좋고 약간 푸르스름해서, 파란색 에어리얼에 딱 좋은 색입니다. 아이보리 계열을 칠할 때 밑색으로도 좋습니다.

▲에어브러시로 사용할 때는 도료:희석액을 1:1 이상으로 희석해야 도료가 잘 나올 때가 있습니다. 이번에는 1:2로. 똑같은 접시 등을 사용해서 계산하고, 큰 용기에 넣어서 섞은 뒤에 사용합니다.

▲에어브러시를 뿌릴 때 바로 대상에 뿌리면 안 되고, 오른쪽에서 왼쪽, 왼쪽에서 오른쪽으로 움직이면서 뿌려주세요. 천천히, 도료 표면이 물결치지 않을 정도 속도로 도료를 얹어주는 이미지입니다.

▲그리고 하얀 성형색에 하얀 도료를 칠하면, 도료가 얼마나 입혀졌는지 알아보기 힘듭니다. 표면의 광택을 잘 보며, 젖은 부분을 확인하세요.

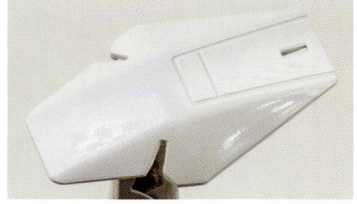
▲광택을 보려면 조명이 필수입니다. 도색할 곳을 확실히 밝게 해주거나 스탠드 등을 켜서 보기 쉽도록 해주세요. 부품을 빙 돌려보고… 음, 잘 칠해졌네요.

▲칠하다 보면 파팅 라인이 잘 보이게 됩니다. 처리를 깜빡한 부품을 발견했으니까, 마른 뒤에 다시 다듬어주기로 했습니다.

▲파팅 라인을 처리하면 도료도 깎여 나가니까, 그 부분은 다시 칠합니다. 가능한 한 다시 칠할 때 지저분해지지 않게, 파팅 라인 주변만 처리해주세요.

## STEP-12 ■노란색, 빨간색 칠하기

▲노란색은 캐릭터 옐로를 선택. 불그스름한 노란색을 좋아한다면 황등색과 함께 추천하는 색입니다. 희석은 약간 진하게, 1:1.3 정도 해서 색이 잘 나오게 해줍니다.

▲사진 왼쪽이 칠한 뒤. 오른쪽 성형색과 비교하면 붉은 기운이 강하고, 노란색으로서 주장이 강해졌습니다. 말 그대로 캐릭터의 노란색으로서 존재감을 과시합니다.

▲빨간색은 샤인 레드에 하얀색을 약간 섞어서. 흰색을 조금씩 섞어주면서 핑크가 되기 직전에서 멈췄습니다. 트리콜로 중에서 너무 주장하지 않는 빨간색으로 선택했습니다.

▲에어브러시는 매번 컵 안에 남은 도료를 씻어주는데 흰색, 노란색, 빨간색처럼 서서히 진해지는 순서로 하면 완전히 씻지 않아도 되는 것이 포인트. 반대로 하면 색이 섞여서 어려워지니까, 칠하는 순서도 수고를 줄이는 요령입니다.

## STEP-13 ■실버 도색

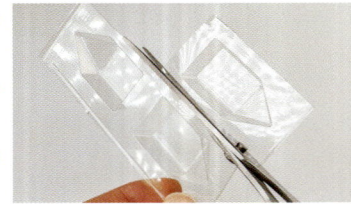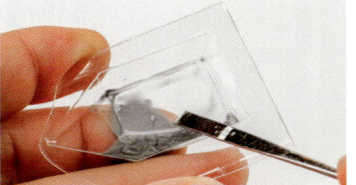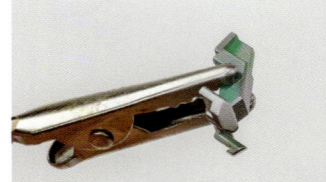

▲진한 도료를 컵에서 섞으려고 하면 핸드 피스가 막히니까 권장하지 않습니다. 미리 섞어두면 좋은데, 소량일 때는 타미야 15구 팔레트가 편리합니다. 하나하나 잘라서 사용합니다.

▲은색은 뿌릴 부품이 적으니까, 이런 일회용 팔레트로 농도를 조절하면 좋습니다. 따르는 곳이 있는 팔레트는 에어브러시 컵에 도료를 옮기기 편해서 좋습니다.

▲양쪽 눈을 파랗게 칠하고 싶으니까, 은색을 밑색으로 뿌렸습니다. 뒤쪽 센서 부분도 은색을 뿌려서, 보이는 부분을 은색으로 덮어주세요.

▲허벅지 클리어 부품에는 일부만 프레임 색이 비슷히 들어가 있으니까, 그곳이 비치지 않도록 은색을 뿌립니다. 부품 표면의 요철을 이용해서 미리 마스킹해주세요.

## STEP-14 ■코팅 부품 칠하기

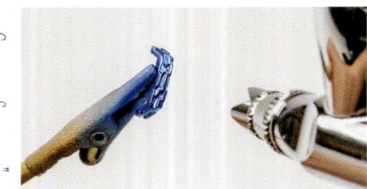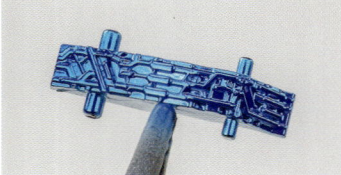

▲코팅 부품에는 클리어 블루를 뿌립니다. 클리어 도료는 뿌린 횟수에 따라 농도가 달라지니까, 너무 많이 뿌리지 않도록, 농도를 정했으면 샥, 하고 뿌리고 끝냅니다.

▲도료를 균일하게 입혔다면 마른 뒤에 광택이 납니다. 원래 이런 색이었던 것처럼 반짝이니까 기분이 좋습니다. 마른 부품은 먼지가 묻지 않도록 잘 챙겨두세요.

## STEP-15 ■파란색 칠하기

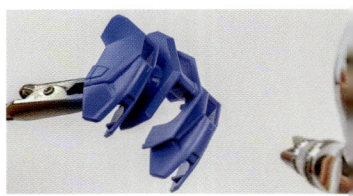

▲『수성의 마녀』 전용 도료는 수성 도료만 발매. 이번처럼 래커 도료로 칠하는 경우에 파란색은 MS 블루 Z 계열에 쿨 화이트를 섞었습니다. 도료를 조금만 써서 배합 비율을 시험하고, 원하는 색이 나왔다면 본격적으로 섞어주세요.

▲성형색보다 선명한 파란색이 됐습니다. 이것을 파란 부품에 전부 칠해주세요. 직접 만든 색은 리터치나 수리에도 쓰니까, 조금 많이 만들어서 보관해두세요.

## STEP-16 ■작은 부분에 마스킹

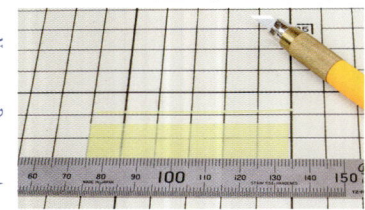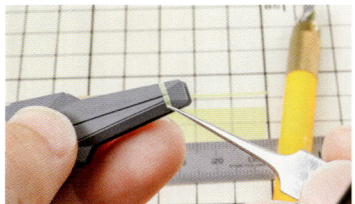

▲마스킹은 테이프를 직접 붙이는 게 아니라 조금씩 잘라서 사용하세요. 먼지가 붙기 쉬운 끝부분을 잘라낸 뒤에, 가늘고 긴 모양으로 잘라주세요.

▲직사각형이라면 짧은 변부터, 거리가 짧은 곳부터 붙이기 시작합니다. 짧은 테이프를 다른 테이프 위에 붙이면 테이프가 들떠서 도료가 새는 경우가 있습니다.

▲밀착시키면 아래쪽 색이 살짝 비치면서 색이 달라집니다. 아래쪽은 색이 확실히 달라졌지만 위쪽은 테이프 색 그대로인데, 이것이 밀착되지 않았다는 뜻입니다. 꼭꼭 눌러서 밀착시켜주세요.

▲칠할 곳 가장자리 부분을 테이프로 감싸고 확실히 밀착시킵니다. 여기까지 했으면 마스킹은 거의 완성됐습니다.

## STEP-17 ■먹선 넣기

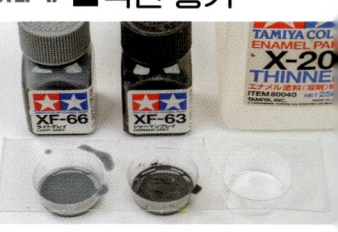

▲자랑할 퀄리티는 아니지만, 중요한 부분은 다 가렸다면 이제 팍팍 칠하기만 하면 됩니다. 도료가 튀지 않도록 감싸줬습니다.

▲무기에 332번 라이트 에어크래프트 그레이 BS381C/627을 뿌립니다. 원래의 진한 회색과 다른 색을 칠하고, 무기를 두 가지 색으로 구분해서 정보량을 늘려보겠습니다.

▲완성한 뒤에 마스킹을 벗깁니다. 마스킹이 제대로 돼서 새어 나온 부분이 거의 없는 걸 보고 안심했습니다. 만약 샜다면 진한 회색을 붓으로 칠해서 리터치해주세요.

▲먹선은 타미야 에나멜 도료를 사용합니다. 밑색을 녹이지 않고, 희석해도 잘 발색됩니다. 잘 희석한 뒤에 모세관 현상으로 몰드 등에 흐르게 해서 사용합니다.

MOBILE SUIT GUNDAM THE WITCH FROM MERCURY **GUNPLA BEGINNER'S BIBLE**

   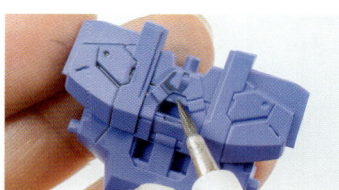

▲실제로 사용해보겠습니다. 하얀 부품에는 라이트 그레이를 사용합니다. 농도는 상당히 묽게, 도료보다 용제가 많은 상태입니다. 붓을 몰드 부분에 살짝 대면 몰드 전체에 쓱, 하고 흘러 들어갈 정도 농도가 베스트.

▲밑색을 해치지 않으니까, 삐져나와도 신경 쓰지 말고 팍팍 넣으세요. 하지만 가동부 등의 관절에는 들어가지 않게 주의하세요. 부품에 에나멜 도료가 침투하면 깨질 위험이 있습니다.

▲회색 부품에는 저먼 그레이를 사용합니다. 원래 색의 농도에 맞춰서 사용할 색을 바꿔주세요. 흰색도 회색도 밑색보다 조금 진한 먹선이 적당하고, 블랙은 너무 진하다고 봅니다.

▲파란 부품에도 저먼 그레이로 먹선. 트리콜로 부분의 먹선은 그냥 진한 회색으로 해도 좋고, 진한 파란색을 추가해서 컬러풀하게 해도 좋습니다. 원하는 먹선 색을 찾아보세요.

  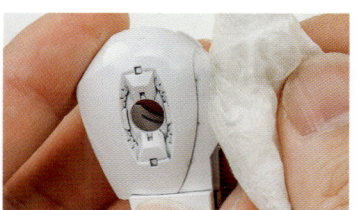 

▲솔이 달리고 먹선에 쓰기 좋은 농도로 희석한 먹선 전용 도료도 나왔습니다. 「타미야 먹선 도료」 시리즈는 에나멜 계열 도료고, 다크 브라운이 특히 편리합니다. 세 번째 색은 이걸 사용합니다.

▲슬릿 모양 몰드가 깊어 보이도록, 가장 진한 색으로 먹선을 넣습니다. 그밖에도 무기 등에 사용한 진한 회색 부품에 다크 브라운으로 먹선을 넣어주세요.

▲몇 분 지나서 도료가 적당히 말랐다면, 삐져나온 부분이나 필요 없는 부분을 닦아주세요. 에나멜 용제를 머금은 킴스와이프(휴지보다 종이 섬유가 안 묻어납니다)로 쓱 닦아주면 지워집니다.

▲작은 부분이나 닦아내기 힘든 부분은 면봉에 용제를 적셔서 닦으세요. 끝이 뾰족한 면봉을 사용하면 좁은 곳도 닦기 편합니다.

### STEP-18 ■키트 동봉 씰 붙이는 방법

### STEP-19 ■데칼 붙이는 방법

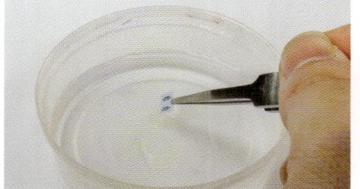 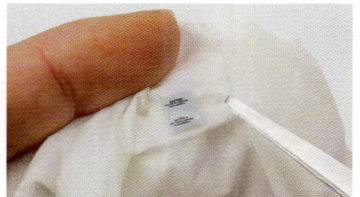

▲1/100용 데칼은 없으니까, 동봉된 씰도 사용하겠습니다. 상당히 얇고 품질도 좋지만, 곡면 부분에 붙이기엔 약간 힘들고, 끝에 먼지가 붙기 쉬우니까 주의하세요.

▲이번에는 덧칠도 할 예정이니까, 평면은 씰을 붙여도 좋습니다. 붙였다 떼면 도막이 벗겨질 위험이 있지만, 살짝 위치를 정하고 주름지지 않도록 끝쪽부터 눌러서 밀착시켜주세요.

▲다른 부분은 시판 건담 데칼을 사용합니다. 주의 마크 등은 비슷한 데칼을 팍팍 붙여주세요. 먼저 사용할 데칼을 잘라내서 물에 잠깐 담가줍니다.

▲남는 물기를 티슈 등으로 닦아내면서, 데칼이 움직일 때까지 기다립니다. 끝이 둥근 핀셋을 사용하면 데칼이나 부품을 상하게 하지 않아서 추천합니다.

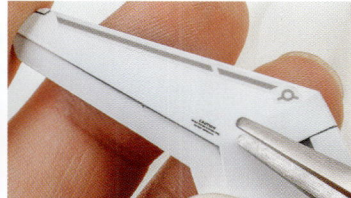 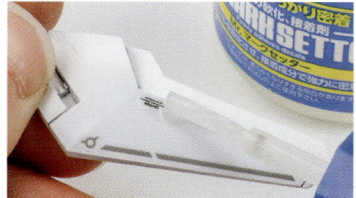  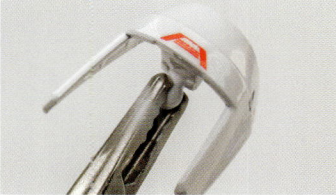

▲설명서의 씰 붙이는 위치를 참고하며 장소를 정하고 데칼을 배치합니다. 데칼을 핀셋으로 올려놓고, 면봉을 굴려서 물기와 공기를 밀어내서 밀착합니다.

▲만약 데칼이 들뜨거나 이상하게 번들거릴 때는 마크 세터를 사용하세요. 이쪽은 풀 성분과 연화 성분이 있어서, 데칼을 부드럽게 만들고 밀착하게 해줍니다.

▲마크 세터 등을 사용한 뒤에는 데칼이 부드럽고 섬세해지니까, 면봉을 위에서 살짝 굴려주는 게 포인트. 어디까지나 수분을 흡수하고 공기를 밀어내기만 하고, 데칼이 상하지 않게 해주세요.

▲이제 데칼과 씰 위에 Mr.슈퍼 클리어 반광을 뿌려서 보호해줍니다. 표면이 촉촉할 정도로 뿌리는 것이 포인트. 너무 많이 뿌리면 데칼이 녹아버리니까 주의.

### STEP-20 ■마무리는 펄 도료로 오버코트

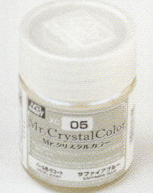    

▲이번에는 펄을 도포해서 전체에 파란 반사를 추가합니다. 사용한 것은 Mr.크리스탈 컬러 사파이어 블루. 표면에 뿌려주면 광택이 나는 펄을 추가할 수 있습니다. 실제로 도료를 덜어보면 하얀 펄 성분과 그 속에 파란 반사 부분이 보입니다. 일단 시험해서, 펄이 어떤 느낌인지 확인해보세요.

▲시험 결과 그대로 뿌리면 흰색이 아이보리가 되고 파란색이 너무 강렬해진다는 걸 알았습니다. 클리어를 섞어서 조금 순하게. 펄과 클리어를 1:1 정도로.

▲사진의 부품 오른쪽이 펄 코팅된 부분. 빛을 반사하면 푸르스름하게 빛나면서, 딱 원한대로 편광 느낌이 나왔습니다. 이것을 클리어 부품을 제외한 전체에 뿌립니다.

▲마지막으로 모든 부품을 조립해서 완성. 코팅 부품과 클리어 부품까지 들어가서 완전한 상태가 됐습니다! 감동의 라스트 스퍼트!

MOBILE SUIT GUNDAM THE WITCH FROM MERCURY **GUNPLA BEGINNER'S BIBLE**

▲키트 스트레이트 빌드(사진 왼쪽)와 함께, 셸 유닛 색을 바꾸면서 인상이 극적으로 달라졌습니다. 도색의 가장 큰 장점이자 만족도가 높은 추천 작업 포인트입니다.

▲전체 부품 표면에 크리스털 컬러를 뿌려준 덕분에 약간이나마 파란 편광 느낌이 납니다. 작중의 파란 빛을 이미지로 칠했습니다.

▲빔 라이플도 마스킹으로 세세하게 색을 구분해서 정밀감을 높였습니다.

▼빔 라이플에 장대한 이펙트 부품을 장착. 1/144 키트에 포함된 것보다 길어져서 박력이 증가했습니다.

▲11기의 비트 스테이브를 분해해서 전신에 장착하면 비트온 폼이 됩니다.

023

## 1/144

BANDAI SPIRITS 1/144 scale plastic kit
"High Grade"DILANZA
STANDARD TYPE/LAUDA'S DILANZA use
MD-0031 DILANZA STADARD TYPE
modeled & described by Blondy51

### 좀 더!『수성의 마녀』프라모델을 즐겨보자! ①

# 디테일 업 파츠를 활용해보자

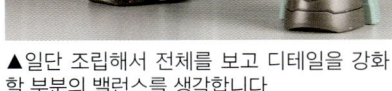

스트레이트 빌드보다 한 단계 높은 건프라 제작 테크닉을 설명하겠습니다. 첫 테마는 「디테일 업」. HG 시리즈는 설정 자료에 맞춘 형태나 디테일로 나오지만, 프라모델로서 메카닉적인 설득력을 강조하기 위해서는 세세한 부분의 완성도에도 신경 쓰고 싶습니다. 그래서 HG 딜란자(일반기/라우더 전용기)를 테마로, 각종 시판 디테일업 파츠를 사용해서 기체의 해상도를 높여보겠습니다.

▲일단 조립해서 전체를 보고 디테일을 강화할 부분의 밸런스를 생각합니다.

**Blondy51**
메카닉부터 걸프라까지 캐릭터 키트를 폭넓게 다루는 실력파 모델러. 정교한 제작&도색에 주목.

BANDAI SPIRITS 1/144 스케일 플라스틱 키트
HG 딜란자(일반기/라우더 전용기) 사용

### MD-0031 딜란자

제작·해설 / **Blondy51**

### STEP-1 ■디테일 강화 포인트 결정

▲가조립을 하면서 공작할 부분을 체크합니다. 이 시점에서 블레이드 안테나를 샤프하게, 가슴의 빔 발칸 구멍 뚫기는 결정됐습니다.

▲허리 리어 아머 안쪽에 큰 구멍이 있는데, 어떻게 메울지 생각합니다.

▲백팩은 드러스터 노즐 부분에 구멍을 뚫는 쪽이 멋져 보일 것 같습니다.

▲디테일업은 아니지만, 다리 측면에 있는 이 키트의 유일한 접합선이 신경 쓰입니다. 이대로 게이트 처리로 끝낼지, 접합선을 없앨지 고민됩니다.

▲고민한 결과, 결국 흘려 넣는 접착제로 처리했습니다(사진은 신 사포!로 표면을 다듬은 상태). 접착면의 색이 다른 게 조금 신경 쓰이지만, 이번에는 그대로 만들기로 했습니다.

### STEP-2 ■둥근 몰드 디테일 강화

▲빔 발칸은 핀바이스로 구멍을 뚫어줍니다. 백팩 좌우 버니어도 똑같이 가공합니다.

▲발바닥 드러스터는 중앙에 핀 바이스로 구멍을 뚫고, 하이큐 파츠의 「트윈 파이프2(3mm)」로 디테일을 강화합니다.

▲종아리의 드러스터도 중앙에 핀바이스로 구멍을 뚫고, 하이큐 파츠의 「트윈 파이프2(2mm)」로 디테일을 강화합니다.

▲트윈 파이프2로 디테일을 강화한 부품. 백팩 중앙의 드러스터도 똑같이 가공했습니다.

MOBILE SUIT GUNDAM THE WITCH FROM MERCURY **GUNPLA BEGINNER'S BIBLE**

## STEP-3 ■각종 몰드 추가

▲주로 코토부키야 M.S.G 시리즈를 사용합니다. 각 몰드 II 는 예전부터 자주 사용한 제품입니다. 크기와 모양의 종류가 풍부해서 캐릭터 키트의 디테일 추가에 사용하기 좋습니다.

▲허리 리어 아머에 있는 덕트 세 곳에 덕트 노즐 II 를 사용합니다. 조금 깎아서 본체 쪽 모양에 맞췄습니다.

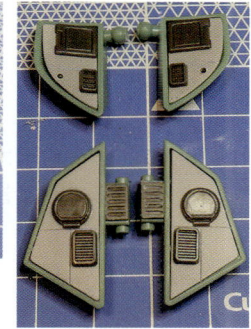

◀프라판으로 내부를 만듭니다. 이 뒤에 총구로 사용하는 부품이 중앙에 들어오니까, 그곳을 피하면서 비스듬하게 장착합니다.

## ■ 완성!

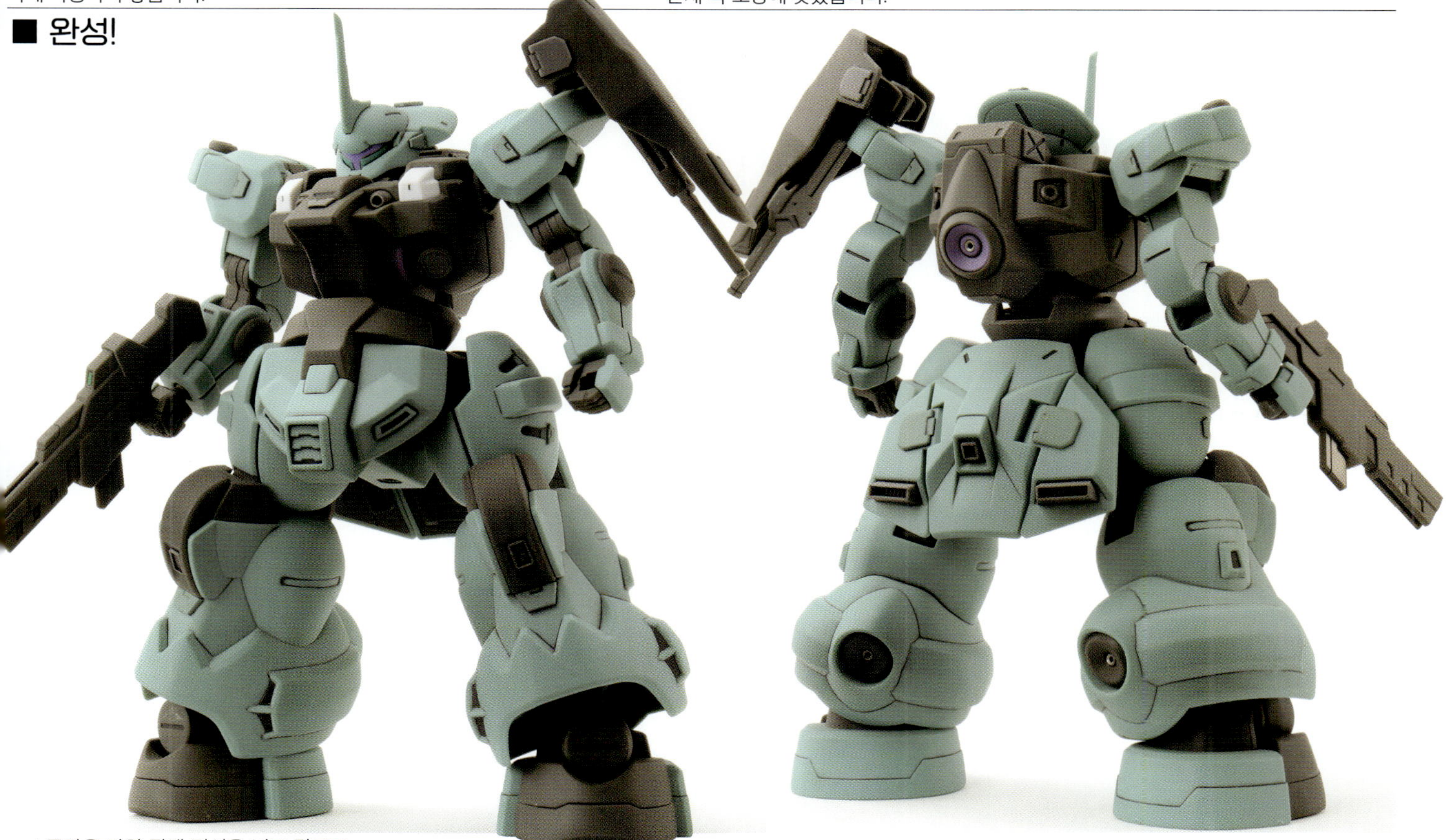

▲공작을 마친 뒤에 먹선을 넣고 탑코트를 뿌리면 완성입니다. 각 부분 디테일 강화 공작으로 형태가 선명해지고 정보량이 크게 증가했습니다. 키트에 조금 손을 대거나 시판 파츠를 활용하기만 해도 이렇게까지 업데이트해줄 수 있습니다.
▶어깨 아머와 가슴 등, 원래 키트의 모양에 따라 붙인 각 몰드가 위화감 없이 어우러집니다. 왼쪽 어깨의 실드 같은 커다란 면 안에 붙여주니까 면에 요철이 생기면서 밋밋한 느낌이 없어졌습니다.

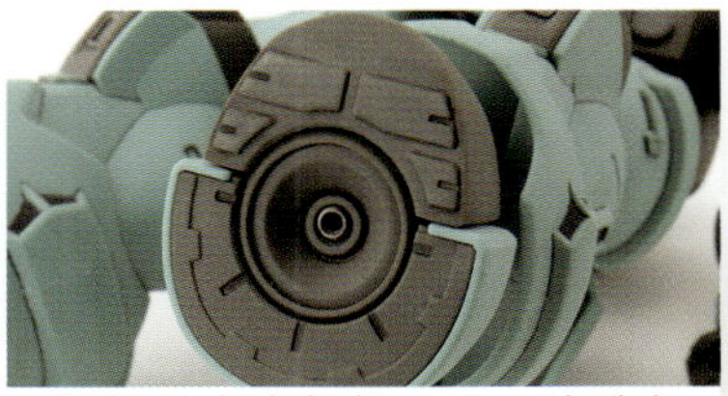

▲▶발바닥과 아머 안쪽 등은 그냥 세워두면 눈에 띄지 않지만, 액션 포즈를 잡을 때 얼핏 보이는 포인트가 됩니다.

### ■들어가며
이번에는 거의 스트레이트 빌드로, 시판 파츠를 사용해서 디테일을 강화했습니다. 간단한 공작과 붓도색으로 부담 없이 한 단계 높은 수준의 완성도를 목표로 삼았습니다.

### ■공작
키트 자체는 거의 그대로 조립했지만, 각 부품의 게이트 자국은 신 사포!로 정리했습니다. 그대로 조립하면 「허벅지」, 「무릎 아래」, 「빔 라이플」의 접합선이 눈에 거슬리니까, 흘려 넣는 접착제 「Mr.시멘트 SP」를 사용해서 붙여줬습니다. 접착면에 접착제를 흘려 넣고 한나절 건조시킨 뒤에 신 사포! 400~1000번으로 연마했습니다. 접착 작업이 귀찮을 때는 신 사포! 등으로 게이트 자국을 정리해주기만 해도 깔끔해집니다.

### ■도색, 마감
이번에는 원칙적으로 성형색을 그대로 사용했습니다. 색 구분이 필요한 카메라 아이의 녹색과 본체에 추가한 플라스틱 유닛을 어우러지게 해주기 위해서 녹색 부분을 붓으로 칠했습니다. 빔 발칸 등 부분적으로 수성 컬러 흑철색을 붓으로 칠해서 포인트를 줬습니다.
카메라 아이 녹색=시빌리언 그린
본체 녹색=-미쿠 그린+뉴트럴 그레이 IV+다크 그린

먹선은 하야시 텟페이 씨 방식을 따라 해서 아크릴 도료로 넣었습니다. 에나멜 컬러와 다르게 플라스틱이 깨질 우려가 없어서 추천합니다. 탑코트는 Mr.컬러 GX 슈퍼 스무스 클리어 무광입니다.

### ■마무리
최근에는 성형색을 살린 간단 완성에 빠져 있습니다. 이번 작례처럼 시판 부품을 사용한 디테일 강화도 꽤 간단하니까 꼭 도전해보세요.

# 1/144

BANDAI SPIRITS
1/144 scale plastic kit "High Grade"
F/D-19 ZAWORT
modeled & described by Rikka

## 좀 더!『수성의 마녀』프라모델을 즐겨보자!②
## 습식 데칼로 마킹을 추가

스트레이트 빌드보다 한 단계 높은 건프라 제작 테크닉을 설명하겠습니다. 두 번째 테마는 「습식 데칼」. 건프라에서는 일부 키트에 포함되거나 건담 데칼로서 별도 판매되기도 하는 데칼인데, 씰과 비교하면 붙이기 어려워서 거북해하는 분도 많을 것입니다. 여기서는 HG 조워트를 사용해서 데칼 붙이는 방법을 설명. 잘 다루면 나만의 마킹 패턴도 만들 수 있으니까, 이 기회에 배워보면 어떨까요.

▲설명서대로 조립하고 게이트 자국 처리와 눈에 띄는 파팅 라인을 사포로 정리한 상태. 사포 자국이 있으면 데칼이 밀착되지 않으니까, 유광 클리어를 한 번 뿌려서 평평하게 만든 뒤에 작업했습니다.

**Rikka(릿카)**
수많은 미소녀 프라모델을 담당하는 한편, 히어로와 메카닉까지 다루는 멀티 모델러.

BANDAI SPIRITS 1/144 스케일 플라스틱 키트
HG 조워트 사용
**F/D-19 조워트**
제작·해설 / Rikka

▲데칼을 물에 담근 뒤에 붙입니다. 이번에는 프라모 향상 위원회의 데칼링 Quick 트레이를 사용. 물을 적신 스펀지를 사용해서 과도하게 젖는 것을 방지할 수 있습니다.

▲건담 데칼「수성의 마녀 범용②」에 조워트용이 들어있으니까, 공식 사이트의 붙이는 방법을 따라하면서 어레인지도 추가해서 붙였습니다. 제 경우에는 바탕지에서 자를 때 편해서, 갓핸드의 마스퍼를 사용합니다.

## STEP-1 ■ 데칼 붙이기의 기본

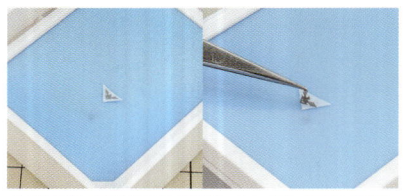

▲데칼을 트레이에 올려놓습니다. 물을 머금으면 집어서 데칼이 떨어질 때까지 잠시 기다립니다. 여기서 너무 자주 건드리면 데칼이 찢어질 수 있으니까 인내심을 가지세요. 살짝 건드리기만 해도 데칼이 바탕지에서 떨어질 정도가 되면 붙여줍니다.

▲핀셋으로 데칼을 집고, 붙이고 싶은 위치에 놓습니다(바탕지 채로 가져가서 붙일 위치에서 슬라이드해서 놓는 방법도 있습니다). 한 번에 최적의 위치가 나오기는 힘들 테니까, 여기서부터 미세조정 해서 위치를 정하세요.

▲물로 살짝 적시면서 핀셋 등으로 위치를 조정합니다. 저는 물을 머금은 붓으로 데칼의 각 부분을 콕콕 찌르면서 옮깁니다. 위치가 정해지면 미끄러지지 않도록 주의하면서, 데칼 끝부터 여분의 수분을 제거합니다.

▲끝을 건드려도 데칼이 움직이지 않을 때까지 수분을 빨아냈으면, 면봉 끝을 롤러처럼 사용해서 아주 약한 힘으로 굴리면서 문질러주면 물을 밀어낼 수 있습니다. 완전히 마를 때까지 건드리지 말아주세요.

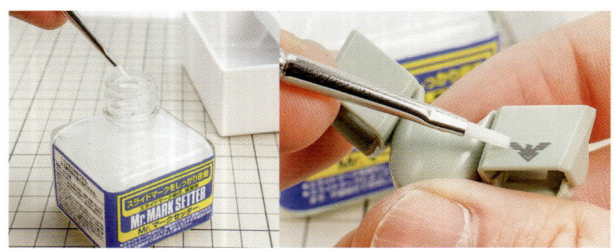

▲너무 과하게 적셨거나 오랫동안 놔둔 데칼은 풀이 약해지는 경우가 많습니다. 그리고 요철 위에 붙이면 잘 붙지 않을 우려도 있습니다. 이런 경우에는 잘 밀착시키기 위해 마크 세터를 사용합니다. 너무 많이 바르면 찢어지거나 틀어질 수도 있으니 조금씩 사용하세요.

▲시판 라인 데칼도 붙여보겠습니다. 사전에 가늘게 자른 마스킹 테이프로 붙이고 싶은 곳의 길이를 재두고, 테이프 길이에 맞춰서 데칼을 자릅니다.

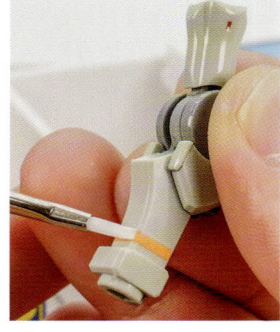

◀이번에는 팔에 감아주는 모양으로 붙여서 위치 조정 난이도가 높습니다. 요령은 한쪽 끝의 위치를 정해서 고정하고, 한쪽 방향을 향해 서서히 붙여주면 말단 부분을 맞추기 쉽습니다. 전체를 붙였으면 마크 세터로, 특히 각 부분이 뜨지 않도록 붓끝으로 밀착할 때까지 눌러주세요.

## STEP-2 ■데칼은 어디에 붙이면 좋을까?

▶데칼을 어디에 붙일지에 대해서도 설명하겠습니다. 주의 마크는 정비할 때 주의가 필요한 부분에 붙이는 것이 정석이겠죠. 대표적인 곳은 「가동 부분」, 「정비 해치 주변」, 「버니어, 드러스터 부분」 등이려나요. 백팩 드러스터 부분에 「고온 주의」라든지. 실제 비행기 등의 사진을 조사해보며 참고하는 것도 좋습니다.

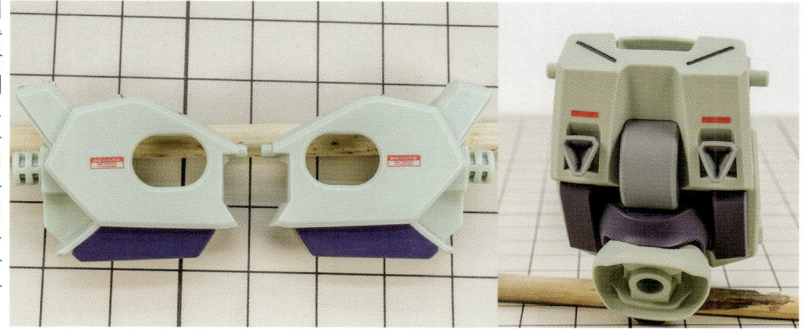

▲머리 뒤쪽에 인테이크 같은 부분이 있어서 이쪽에도 붙여봤습니다. 이런 문자 정보가 많은 데칼도 멋지게 보여주는 데 효과적입니다. 외장이나 탱크에 가로로 긴 주의 마크를 붙이는 것도 자주 보이는 수법입니다.

## ■완성!

▲데칼이 완전히 마르면 마감제로 코팅해서 완성. 이번에는 일단 유광 클리어를 뿌려서 데칼이 잘 붙게 하고, 데칼을 붙인 뒤에 무광을 뿌렸습니다. 한 번에 잔뜩 뿌리면 기껏 붙인 데칼에 주름이 지거나 들뜰 우려가 있으니까, 처음엔 가볍게 뿌리고 말려서 보호층을 만들고, 완전히 마른 뒤에 다시 뿌리는 이미지로 코팅하면 실패할 확률이 적어집니다.

▼▶데칼은 아니지만, 일부 홈에는 먹선 겸 도색 같은 느낌으로 건담 마커 블랙이나 에나멜 도료 레드로 포인트를 넣었습니다. 머리의 메카 부분에는 은색을 칠해서 반사되도록 했습니다.

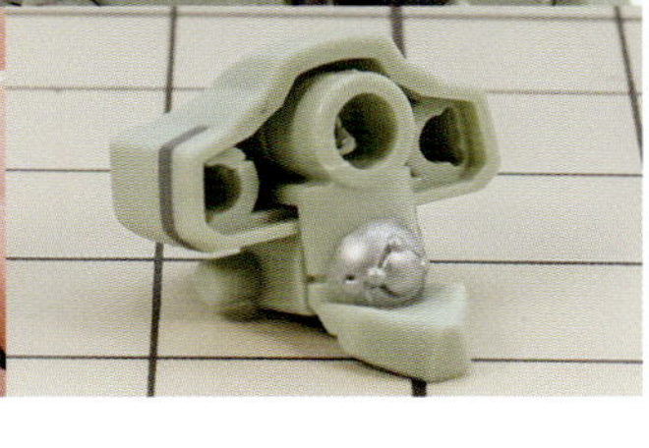

▲라인 데칼은 팔과 가슴에 취향대로 비대칭으로 붙여봤습니다. 데칼은 포인트 색도 되니까, 지저분하지 않을 정도라면 멋으로 붙이기도 합니다. 자신만의 규칙을 정해서 붙이게 되면 오리지널리티도 연출할 수 있으니까, 여러모로 시험해보세요!

BANDAI SPIRITS
1/144 scale plastic kit
"High Grade"
CFP-010 HEINDREE
Teaced by Kentaro
Challenged by Re-ta

## 좀 더!『수성의 마녀』프라모델을 즐겨보자! ③

# 처음 해보는 웨더링. 즐겁게 더럽혀 보자

스트레이트 빌드보다 한 단계 높은 건프라 제작 테크닉을 설명하겠습니다. 마지막 테마는 웨더링. 지금까지 How to에 이어서, 모형에 나만의 어레인지를 추가해보겠습니다. 웨더링은 스케일 모델에서는 기본 기법이고, 도료 메이커에서 다양한 표현을 위한 전용 도료가 발매되고 있습니다.

여기서는 「웨더링은 처음」이라는 모델러 Re-ta가 담당. '웨더링'의 마음가짐을 선배 모델러 켄타로에게 배우면서 도전해봤습니다!

BANDAI SPIRITS 1/144 스케일 플라스틱 키트
HG 하인드리 사용
**CFP-010 하인드리**
가르쳐주는 사람 / **켄타로**
도전하는 사람 / **Re-ta**

◀설명서대로 조립한 상태의 키트에는 당연히 '웨더링' 표현이 없습니다. 「전장 약 18m의 로봇이 싸우면 어떻게 더러워질까?」고 상상하면서, 취향대로 더럽히는 것이 「웨더링」이라고 부르는 공정입니다.

**Re-ta(레타)**
하비재팬에서 캐릭터 키트를 중심으로 활약하는 젊은 모델러. 의외로 이번 기획에서 웨더링에 처음 도전.

## STEP-1 ■ 웨더링 전에 우선 먹선부터

▲웨더링 하기 전에 몰드에 먹선을 넣어줍니다. 작업할 때 희석액이 부품에 침투하고 그 압력으로 갈라지는 경우가 있으니까, 조립하기 전에 해주세요.

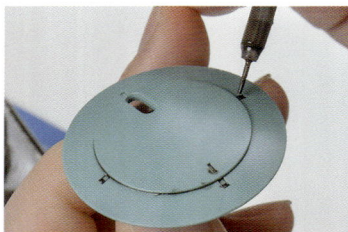

▲외장 부분에는 타미야 먹선 도료 다크 브라운. 뚜껑에 달린 솔로 몰드를 따라 그어줍니다.

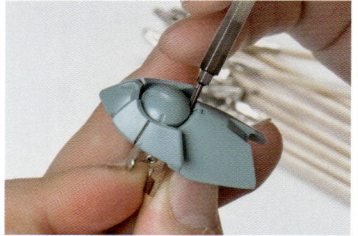

▲먼저 먹선을 넣어주면 나중에 칠할 웨더링 도료가 몰드에 들어가는 걸 막아줄 수 있습니다.

▲외장 부품에 다 흘려 넣었으면 말려주세요.

▲내부 회색 부품에는 먹선 도료 브라운을 사용. 부품 색에 따라 먹선 색을 바꿔서 완급을 조절해보세요.

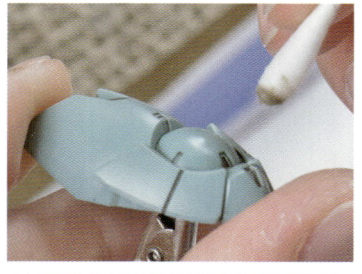

▲부품이 마르면 닦아냅니다. 면봉에 타미야 에나멜 도료 희석액을 머금어서 삐져나온 도료를 닦아주세요.

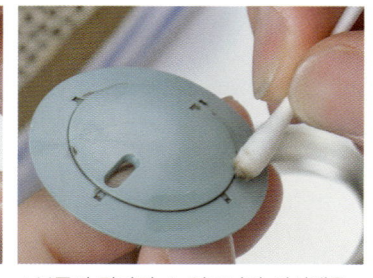

▲부품이 갈라질 수 있으니까 희석액을 너무 많이 머금지 않도록 주의하세요.

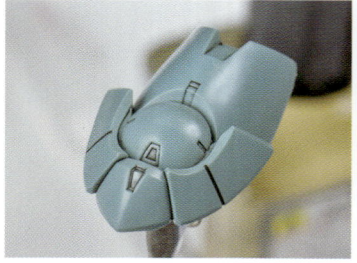

▲다 닦아내면 몰드의 우묵한 부분에 도료가 남으면서 입체감을 연출합니다.

## STEP-2 ■드라이 브러시로 긁힌 표현 추가

 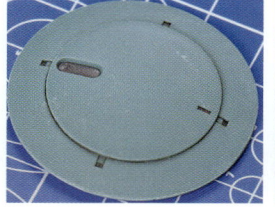   

▲마른 붓으로 도료를 문질러주는 드라이 브러시로, 마모나 긁힌 표현을 해보겠습니다. 붓이 상하게 되니까 싼 붓이나 낡은 평붓 등을 사용하세요.

▲도료는 수성 하비 컬러 쑥색을 선택. 외장보다 밝은색을 사용해서 긁힌 분위기를 연출합니다.

▲실드 부분이 어떻게 긁힐지 상상하면서 해주세요. 방패 중앙이 가장 많이 긁히고 가장자리로 갈수록 상처가 적은 이미지로 칠했습니다.

▲재미있다고 너무 많이 하지 않도록, 자주 확인해주세요. 테두리 부분에도 해주면 하이라이트 효과도 연출할 수 있습니다.

▲드라이 브러시를 마친 상태. 긁힌 홈집기 들어가서 리얼한 분위기가 됐습니다. 붓 하나로 간단히 할 수 있으니까 꼭 도전해보세요.

## STEP-3 ■진흙부터 모래까지 원하는 대로 더럽혀 보자

 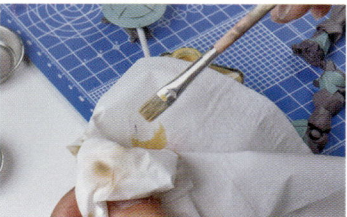  

▲웨더링의 진수라고 할 수 있는 진흙과 모래 얼룩을 해보겠습니다. 이번에는 GSI 크레오스에서 발매하는 Mr. 웨더링 컬러에서 샌디 워시로 모래 얼룩을 추가.

▲『수성의 마녀』 작품에 맞춰서 조금만 더럽혀줍니다. 방법은 드라이 브러시와 마찬가지. 도료를 묻히고 붓을 닦아낸 뒤에 문질러주세요.

▲모래 얼룩은 발에만 들어가도록, 악센트로 노란색만 남는 정도로 적당히. 작품의 무대나 기체에 맞춘 이미지로 웨더링을 해주세요.

▲웨더링한 상태. 기체 외장이 깨끗한데 발만 더러우면 언밸런스하게 보입니다. 이번에는 외장이 조금한 긁힌 데 맞춰서 모래 얼룩도 조금만 해줬습니다.

## ■완성!

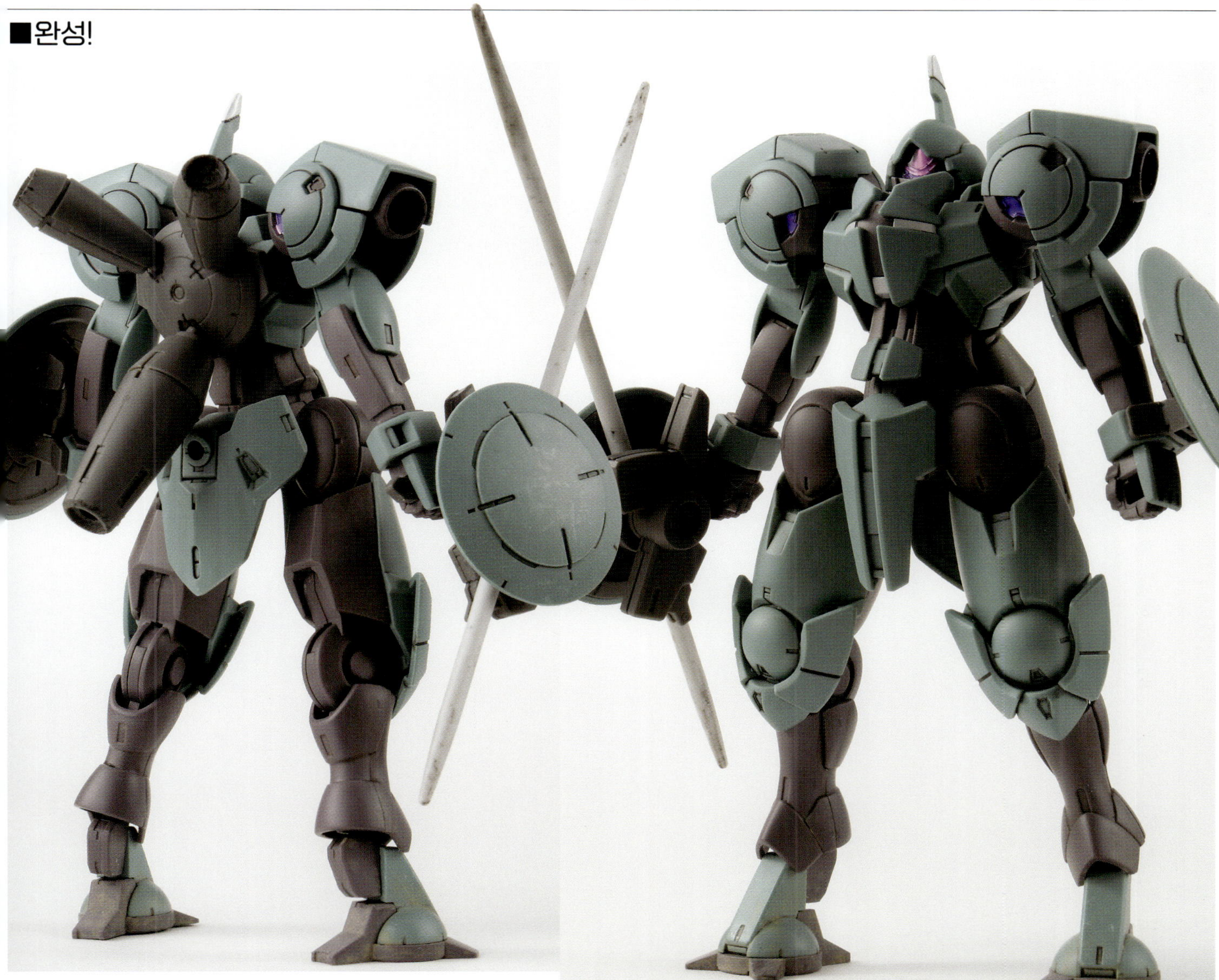

▲▶완성한 모습. 먹선과 외장의 하이라이트 덕분에 입체적이 됐습니다. 랜스 끝에는 Mr. 웨더링 컬러 그라운드 브라운으로 악센트를 줬습니다.

# CHAPTER 2 프로 모델러의 『수성의 마녀』 작례를 CHECK!

CHAPTER 1에서는 베이직한 건프라 제작법을 다뤘는데, 건프라 세계는 정말 깊고 다종다양한 만드는 방법이 존재합니다. 예를 들어 설정 자료의 이미지와 비슷하게 만들기 위해 철저하게 디테일을 추가하거나, 작중의 한 장면을 잘라낸 디오라마를 만든다거나…. 가능한 한 쉽게 만드는 제작법에서 한 걸음 더 나아가서, 자신이 납득 할 수 있는 수준까지 파고드는 것도 건프라 제작의 즐거움입니다.

CHAPTER 2에서는 월간 하비재팬에 게재된 프로 모델러들의 작례 기사를 선정해서 추천. 기사마다 제작 테마를 설명하니까, 앞으로 만들고 싶은 키트 제작에 참고가 될 것입니다. 도망치면 하나, 나아가면 둘. 꼭 나만의 건프라 제작에 도전해보세요!

BANDAI SPIRITS 1/144 scale plastic kit "High Grade"
EDM-GA-01 GUNDAM LFRITH UR
modeled by DOOVA

BANDAI SPIRITS 1/144 scale plastic kit "High Grade"
XVX-016RN GUNDAM AERIAL REBUILD
modeled by Kazuhiko AIKAWA

# X-EX01
# GUNDAM CALIBARN

BANDAI SPIRITS 1/144 scale plastic kit "HIgh Grade" GUNDAM CALIBARN use
X-EX01 GUNDAM CALIBARN
modeled & described by Kazuhiko AIKAWA

「나, 욕심쟁이라서.
엄마랑도 친구들이랑도.
하고 싶은 게 너무 많아!」

## 기적을 일으킨 하얀 건담을
## 꼼꼼하게 만들어보자

종반에 그 존재가 드러난 건담 캘리번. 슬레타의 탑승기로서 건담 에어리얼(개수형)과 싸우는 충격적인 전개로 시청자를 놀라게 했고, 클라이맥스에서는 그 힘으로 많은 생명을 지켜냈다. 그 강렬한 활약으로부터 얼마 지나지 않아 발매된 HG 키트는, 무지개색 셀 유닛 발광을 「인몰드 성형」과 씰로 재현. 개성적인 무장 배리어블 로드 라이플, 에어리얼(개수형)에서 양도받은 건비트도 동봉된 볼륨 만점의 수작 키트. 아이카와 카즈히코 씨의 작례에서는, 특히 작중에서 인상적이었던 비트 온 폼을 보다 아름답게 재현하기 위한 원 포인트 개수로 제작했다.

BANDAI SPIRITS 1/144 스케일 플라스틱 키트 '하이 그레이드' 건담 캘리번 사용

**X-EX01 건담 캘리번**
제작·글 / **아이카와 카즈히코**

**HG 건담 캘리번**
●발매원 / BANDAI SPIRITS 하비 디비전 크리에이션부
●2,220엔 / 발매 중 ●1/144, 약 13cm ●플라스틱 키트

BANDAI SPIRITS 1/144 scale plastic kit "High Grade" GUNDAM CALIBARN use X-EX01 GUNDAM CALIBARN modeled & described by Kazuhiko AIKAWA

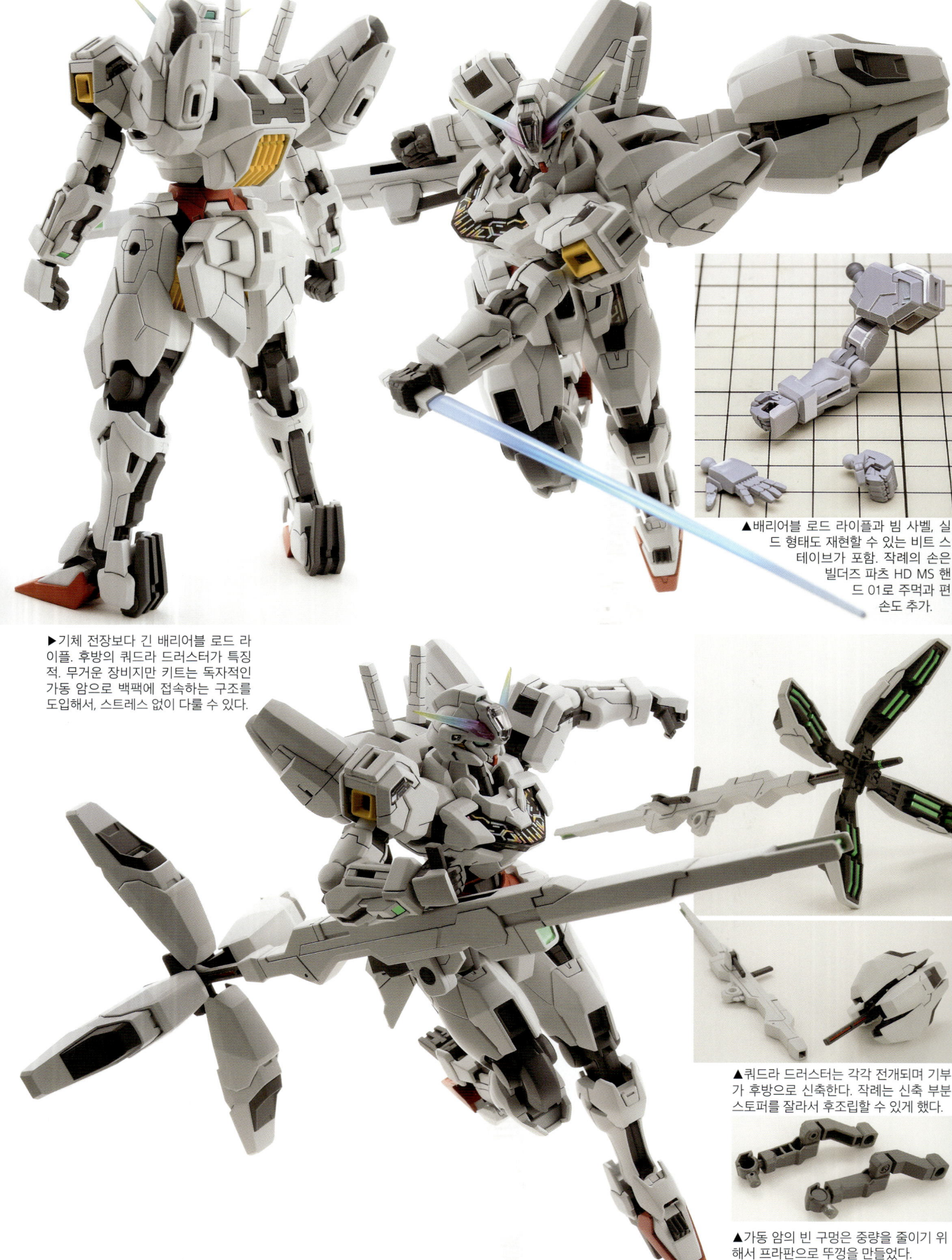

▲배리어블 로드 라이플과 빔 사벨, 실드 형태도 재현할 수 있는 비트 스테이브가 포함. 작례의 손은 빌더즈 파츠 HD MS 핸드 01로 주먹과 편손도 추가.

▶기체 전장보다 긴 배리어블 로드 라이플. 후방의 쿼드라 드러스터가 특징적. 무거운 장비지만 키트는 독자적인 가동 암으로 백팩에 접속하는 구조를 도입해서, 스트레스 없이 다룰 수 있다.

▲쿼드라 드러스터는 각각 전개되며 기부가 후방으로 신축한다. 작례는 신축 부분 스토퍼를 잘라서 후조립할 수 있게 했다.

▲가동 암의 빈 구멍은 중량을 줄이기 위해서 프라판으로 뚜껑을 만들었다.

# MOBILE SUIT GUNDAM THE WITCH FROM MERCURY  GUNPLA BEGINNER'S BIBLE

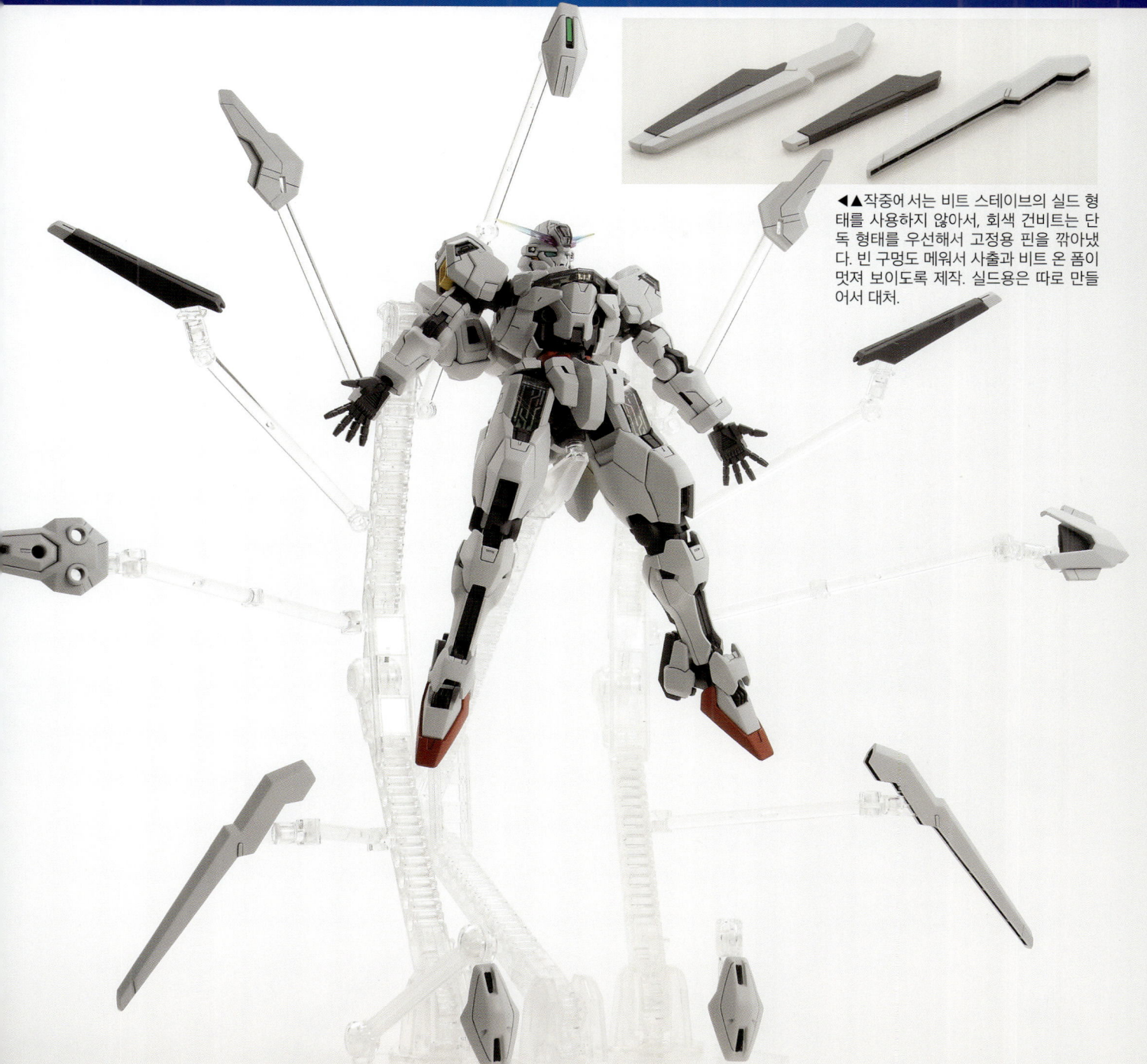

▲▶작중에서는 비트 스테이브의 실드 형태를 사용하지 않아서, 회색 건비트는 단독 형태를 우선해서 고정용 핀을 깎아냈다. 빈 구멍도 메워서 사출과 비트 온 폼이 멋져 보이도록 제작. 실드용은 따로 만들어서 대처.

■ 들어가며

마침내 최종회를 맞이한 『기동전사 건담 수성의 마녀』. 클라이맥스를 달아오르게 했던 건담 캘리번입니다만, 완결의 흥분을 가슴에 품고 이 키트를 제작한 독자분들도 많지 않을까 싶습니다. 이번 작례에서는 기본 공작을 중심으로, 포인트를 상당히 좁혀서 제작했습니다.

■ 공작 포인트

특징적인 블레이드 안테나는 무지개색「인몰드 성형」입니다만, 플래그가 너무 거슬려서 천천히 샤프하게 만듭니다. 클리어 부품이라서 니퍼로 자르면 금이 갈 우려가 있습니다. 그래서 줄로 갈아냅니다. 뾰족하게 갈았으면 흠집이 사라질 때까지 번호가 높은 사포로 연마하고, 은색을 밑색으로 칠하고 그러데이션 도색으로 무지개색으로 되돌렸습니다. 인몰드의 색은 뒤쪽에서 긁어내면 지울 수 있습니다.

다리와 배리어블 로드 라이플의 보조 암에 있는 빈 구멍이 눈에 띄어서 순간 접착 퍼티와 프라판으로 막았습니다.

무기 쥐는 손만 있어서 빌더즈 파츠 HD MS 핸드 01의 주먹과 편손을 조정해서 제작했습니다.

백팩은 키트 오리지널 가동 암으로 무기를 지탱합니다만, 무기를 제거한 상태가 멋지게 보이도록 설정과 같은 형태의 백팩도 따로 제작했습니다. 이번에는 제작 스케줄 관계상 포기했습니다만, 암 접속 축을 공작해서 분리할 수 있게 만들어도 좋을 것 같습니다.

회색의 가늘고 긴 건비트도, 실드 상태보다 비트 온 폼과 날린 상태를 우선해서 연결용 핀을 깎아내고 모양을 다듬었습니다. 실드 재현용 하얀 건비트와 일체화된 것을 따로 만들었습니다.

■ 도색

흰색=콜드 화이트
노랑=등황색+쿨 화이트
빨강=RML23 레드
회색=메카 서페이서 헤비
마지막에 슈퍼 스무스 클리어 무광으로 마감해서 완성했습니다.

┌─────────────────┐
│ 아이카와 카즈히코 │
│ 세세한 곳까지 꼼꼼하게 만드는 공작과 빠른 속도로, 주로 최신 키트 리뷰 등을 담당하는 중견 모델러. │
└─────────────────┘

# XVX-016RN
# GUNDAM AERIAL REBUILD

BANDAI SPIRITS 1/144 scale plastic kit "HIgh Grade"GUNDAM AERIAL REBUILD use
XVX-016RN GUNDAM AERIAL REBUILD
modeled & described by nishi

## HG 작례로 본지 프로 모델러의 눈높이와 공작을 해명

신작 키트 리뷰를 비롯해서 매달 다수의 작례를 게재하는 월간 하비재팬. 실제로 제작을 맡는 모델러가 어떤 시선으로 키트를 보고 어떻게 제작하는지, 궁금하지는 않으신지요. 다음 작례는 프로 모델러의 사고방식과 공작에 초점을 두고, 모형 잡지의 작례 제작의 상세한 내용을 보여드립니다. 담당은 공작, 도색 양면에서 폭넓은 지식과 테크닉을 지닌 nishi. HG 건담 에어리얼(개수형)을 티저 비주얼 이미지의 컬러링으로 제작했습니다. 이것을 따라하면 당신의 모형 제작도 크게 레벨 업! …할 겁니다.

**HG 건담 에어리얼(개수형)**
●발매원/BANDAI SPIRITS 하비 디비전 크리에이션부
●1,870엔/발매 중 ●1/144, 약 13cm ●플라스틱 키트

BANDAI SPIRITS 1/144 스케일 플라스틱 키트 '하이 그레이드' 건담 에어리얼(개수형) 사용
## XVX-016RN 건담 에어리얼 개수형
제작·글 / nishi

▲작례는 키트의 형태에는 손대지 않고 기본에 충실하게 제작. 색을 『수성의 마녀』 Season 2 티저 비주얼 이미지에 맞춰서 칠했다. 손 부품 교환과 데칼 워크로 메카닉다운 인상을 강화.

BANDAI SPIRITS 1/144 scale plastic kit "HIgh Grade"GUNDAM AERIAL REBUILD use XVX-016RN GUNDAM AERIAL REBUILD modeled & described by nishi

### ■nishi 시선 공작 포인트

·부품 하나하나 사포로 다듬어서 게이트 자국, 수축 등을 수정(사포는 400번→600번)

①블레이드 안테나를 샤프하게
②어깨 아머 가동축 가리기
④어깨 관절 아래 파이프 부분 디테일 업
③손 부품을 하이 디테일 부품으로 교환

키트

작례

### ①블레이드 안테나를 샤프하게

이쪽에서는 깎지 않는다
아래, 뒤쪽을 깎아서 얇고 뾰족하게

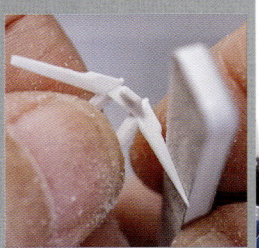
 키트
 작례

▲블레이드 안테나를 샤프하게. 플래그를 잘라내고 사포로 깎아냅니다. 이 작업의 포인트는 「뒤와 아래」. 앞과 위를 건드리면 밸런스 조절이 힘들고 일그러질 수도 있으니까, 뒤와 아래를 공략하세요.

### ②어깨 아머 가동축 가리기

키트 / 작례

▶어깨 장갑의 힌지 부분을 가동 범위에 영향을 주지 않는 정도에서 프라판으로 메워줍니다. 위에서 보면 눈에 띄는 부분이라서 효과적입니다.

### ③손 부품을 하이 디테일 부품으로 교환

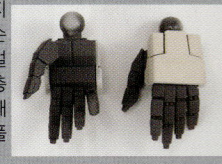

▶손 부품은 인간형 메카닉의 포인트. 보다 멋지게 보여주기 위해 「STYLE-S」의 「로보 머니 각 손가락」을 사용. 프라판을 붙이고 깎아서 에어리얼의 손톱과 손등을 재현했습니다. 주먹, 편 손, 총 쥐는 손, 사벨 쥐는 손을 만들었습니다. 꽤 섬세해서, 키트의 손도 만들어서 무거운 건 비트 라이플을 들려주는 데 썼습니다.

### ④어깨 관절 아래 파이프 부분 디테일 업

 키트
 작례

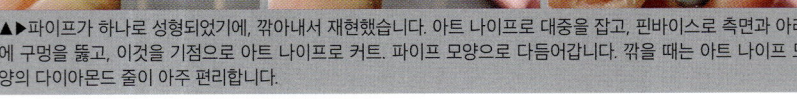

▲▶파이프가 하나로 성형되었기에, 깎아내서 재현했습니다. 아트 나이프로 대중을 잡고, 핀바이스로 측면과 아래에 구멍을 뚫고, 이것을 기점으로 아트 나이프 커트. 파이프 모양으로 다듬어갑니다. 깎을 때는 건담 아트 나이프 모양의 다이아몬드 줄이 아주 편리합니다.

## ⑤몰드, 단차 홈 다시 파기

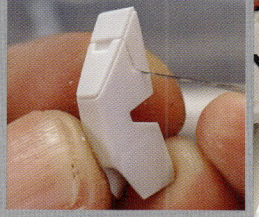

▲▶먹선을 넣을 곳은 반드시 몰드를 다시 팝니다. 안 해도 먹선은 들어간다고 생각하겠지만, 더 예쁘게 만들기 위해서 중요한 부분. 머리 마스크 주변, 어깨 버니어 부분, 팔과 다리의 각 유닛 등은 특히 몰드를 확실하게 파줘서 별도 부품의 느낌을 줍니다.

·종아리 등의 접합선을 없앤다(종아리 프레임은 마스킹해서 도색)

## ⑥허리 아머, 발바닥 구멍을 프라판으로 막는다

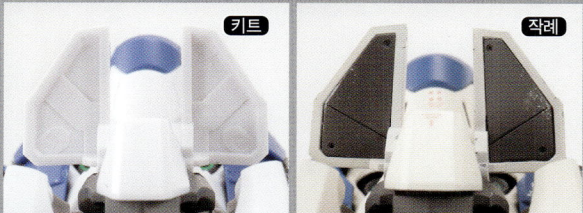

▲▶허리 아머와 발바닥의 구멍은 막는 게 기본이죠. 얼핏 보았을 때의 느낌이 다릅니다. 제 경우에는 프라판으로 막는 경우가 많습니다. 마스킹 테이프로 모양 본을 따고 프라판을 커트. 디테일을 넣으면 완성. 이번에는 발끝 부분의 구멍을 남겨서 디테일로 활용했습니다. 그리고 좌우 대칭인 경우, 한 쪽을 잘라낸 뒤에 그것을 가이드로 다른 쪽도 잘라내면 빠르고 정확하게 작업할 수 있습니다.

## ⑦관절의 빈 구멍을 메우고 다듬기

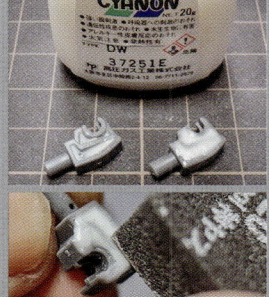

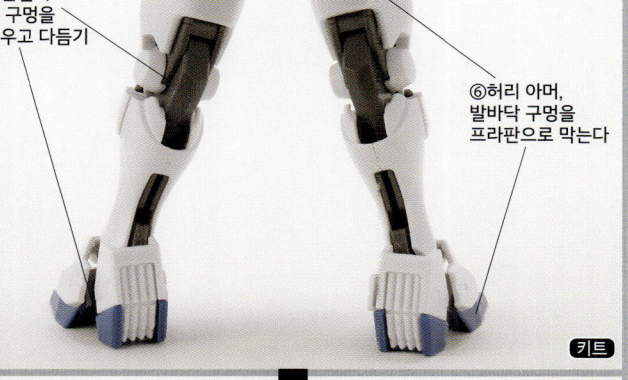

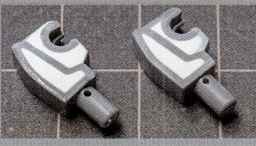

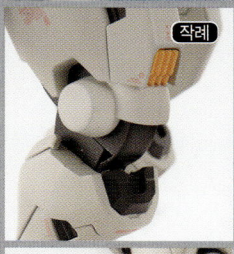

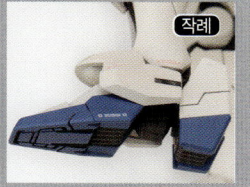

▲▶관절의 빈 구멍을 메울 때는 딱딱하고 튼튼한 「시아논 DW」를 사용하는 경우가 많습니다. 단번에 메우면 경화 불량이 일어나서 굳지 않는 경우가 있으니까, 조금 발라서 경화제로 굳히기를 반복합니다. 굳으면 상당히 단단하니까 120번 사포로 깎아내고, 천천히 번호를 올려서 600번 사포까지 사용합니다. 세세한 곳까지 따지면 메울 곳이 많지만, 완성도를 추구하기 위해 끈기 있게 작업합니다.

## ⑧ 발목 관절 가동 범위 향상

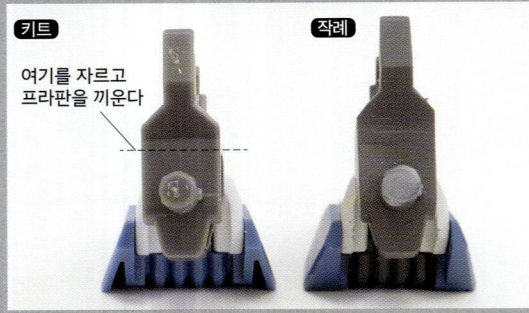

여기를 자르고 프라판을 끼운다

키트 / 작례

키트 / 작례

▲발목 가동, 주로 앞쪽으로 좀 더 굽혀지도록 하고 싶어서, 발목 관절 부품을 절단하고 1mm 프라판을 끼워서 접착했습니다. 발목 보호대 위치가 올라가면서 발등과의 접속이 완화되고, 1mm 차이로 이렇게나 굽혀지게 됩니다.

⑩ 핀바이스로 디테일 추가

⑨ 백팩 건비트 자석 접속

⑧ 발목 관절 가동 범위 향상

## ⑨ 백팩 건비트 자석 접속

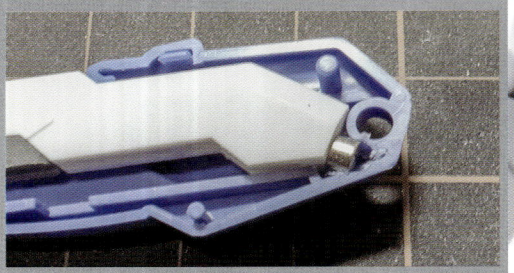

▲▶백팩에 접속하는 건비트는 플라스틱의 텐션으로 고정됩니다. 성형색이라면 문제없겠지만, 도색하면 착탈하면서 도막이 벗겨집니다. 그걸 막기 위해 깎아서 헐겁게 해주고, 자석으로 고정할 수 있게 만들었습니다.

## ⑩ 핀바이스로 디테일 추가

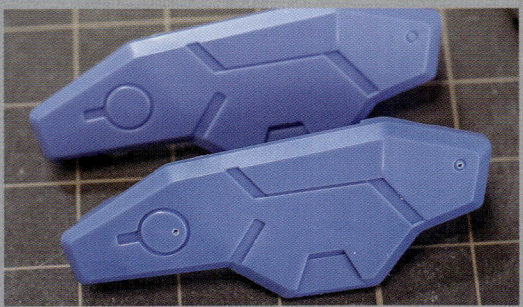

▲백팩의 드러스터에 핀바이스로 디테일을 추가. 키트의 몰드 정보량도 충분하지만, 오리지널리티를 넣었습니다.

## 도색에 관해

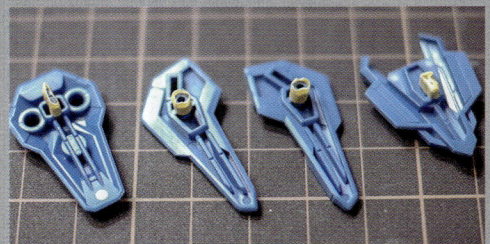

▲도색 전 준비로 조립 핀 등에 마스킹 처리를 해둡니다. 도료 때문에 핀이 굵어져서 빡빡해지는 것을 막기 위해서입니다. 조립할 때도 텐션을 조정하지만, 이런 준비가 시간을 줄여줍니다.

▲제 경우에는 대부분 원색을 이용해서 조색합니다. 자주 사용하는 것이 「후지쿠라 응용화공」의 「FOK」라는 브랜드. 물론 GSI 크레오스나 가이아노츠도 사용합니다. 요즘은 정말 많은 색들이 발매되고 있으니까, 자신이 좋아하는 색을 찾는 것도 좋습니다. 이건 정말로 「사람마다 다른」 점입니다.

▲조색을 위해 포토샵으로 일러스트 컬러 차트를 제작. 이번 작례의 모티프가 된 일러스트를 바탕으로 색을 정합니다. 작례 테마상 이 부분이 상당히 중요합니다. 명확하게 참고할 것이 있는 경우에는 이런 방법이 유효합니다.

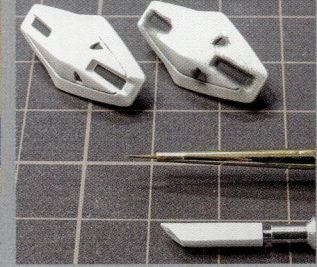

▲최근에 서페이서는 타미야와 콰트로 포르테가 메인. 콰트로 포르테의 TipoG 프라이머 서페이서는 특히 고성능. 400번 사포의 흠집도 없애줄 정도인데, 제가 평소에 600번까지 표면 처리를 하다보니 진위는 불명입니다…(웃음)

▲제 경우에는 파랑, 빨강, 노란색 부품은 전부 핑크색 서페이서로 통일합니다. 기본색을 도포했을 때 발색이 다릅니다. 밑색을 그레이 하나로 칠하는 게 아니라, 마지막 상태까지 생각하면서 고르면 작품의 최종적인 완성도가 향상됩니다.

◀드러스터 구멍 등을 에나멜 도료를 에어브러시로 뿌리고 닦아냅니다. 마스킹보다 훨씬 높은 정밀도로 구분할 수 있습니다. 닦아낼 때는 피니시 마스터나 붓을 사용합니다.

# MOBILE SUIT GUNDAM THE WITCH FROM MERCURY — GUNPLA BEGINNER'S BIBLE

### 데칼, 씰에 대하여

▲데칼은 공작과 함께 정보량 컨트롤에 빼놓을 수 없는 요소입니다. 붙일 때는 「전체에 균일하게 붙이는 게 아니라 집중해서 붙일 곳을 각 부분에 배치」「MG Ver.Ka 등을 참고한다」「너무 많이 붙이지 않도록 주의」「사용할 종류를 좁혀서 통일감을 준다」 등이려나요. 최종적으로는 취향과 센스 문제니까, 경험을 쌓는 게 제일이겠죠.

▲마크 세터 등은 다른 접시에 덜어서, 뚜껑에 달린 솔이 아니라 붓으로 칠합니다. 붓에 풀이 남아 있으면 코팅했을 때 들뜨니까 주의하세요.

▲저는 키트에 포함된 씰도 주저하지 않고 씁니다. 센서 등의 질감이 상당히 좋고, 부품에 맞춰서 잘려져 있으니 정밀도도 발군입니다. 마스킹에도 사용합니다.

### ■작례 모델러의 작업 풍경

안녕하십니까 nishi입니다. 이번에는 조금 다른 느낌으로, 하비재팬 모델러는 어떤 느낌으로 작업할까? 라는 기획입니다. 구체적인 작업 내용은 기사에서 소개했으니까, 보충 설명을 해볼까 합니다.

### ■제작 콘셉트

매번 리뷰 작례 제작할 때는 기본적으로 「키트 소개」 역할이 메인이라고 생각합니다. 그래서 밸런스와 형태 변경 등은 최대한 자제하고, 키트의 장점을 최대한 끌어내는 게 중요하다고 생각합니다.

구체적으로는 패널라인을 강조하기 위해 몰드를 다시 파고, 날개나 안테나를 샤프하게, 파팅라인과 접합선을 없애서 장난감 같은 느낌을 없애는 등의 개수를 해주면서 만들어갑니다. 이번 작례도 마찬가지입니다. 독자 여러분이 신작 키트를 조립하고 칠하고 완성하실 때 지표가 되는 것을 목표로 합니다.

또한 제작 테마로서, 이번에는 컬러링을 Season 2 티저 비주얼 일러스트에 맞췄습니다.

### ■작업 공정

제 경우에는 빈 구멍을 메우는 것부터 시작합니다. 이번에는 그러면서 어깨 관절의 파이프도 파줬습니다.

항상 가조립 없이 표면 처리를 해주면서 조립합니다. 표면 처리에 주로 사용하는 것은 웨이브 사포 스틱(하드 #400). 아르고파일 재팬의 아트 나이프 모양 다이아몬드 줄도 여러 상황에서 사용하고, 신 사포!의 두께 10mm도 잘 사용합니다.

접착은 거의 순간접착제. 경화제는 냄새가 없는 919 프라이머를 애용합니다. 프라모델용은 시간이 오래 걸려서 잘 사용하지 않습니다. 고무 계열이나 수성 접착제도 용도에 따라 잘 사용합니다. 투명 부품 접착에 GP 클리어는 필수죠.

먹선을 깔끔하게 넣기 위해, 몰드는 대부분 새로 파줍니다. 끌로 새긴 뒤에 아트 나이프로 표면 근처를 대패질해서 부스러기를 제거합니다. 이러면 먹선의 선은 가늘고, 표면은 매끈해집니다.

### ■도색 공정

제 스타일은 색을 대부분 병 그대로 사용하지 않고, 매번 원색을 이용해서 색감을 조절합니다(그래서 이 메이커의 이런 색이 좋다는 정보를 드리지 못합니다만… 웃음). 유일무이한 색감을 만드는 것도 저 고집 중 하나입니다.

희석액은 용도에 따라 구분합니다. 쿼트로 포르테의 멀티 신너는 고급이지만, 다른 제품의 추종을 용서치 않는 완성도를 얻을 수 있습니다. 기본 도색과 광택 마감에 필수입니다. 메탈릭 도색은 가이아노츠의 메탈릭 마스터. 무광 탑코트는 브러시 마스터. 툴 클리너는 알코올계 신너. 각각 특징이 있고, 이것저것 시험해서 겨우 안정적으로 구분해서 사용하게 됐습니다.

이상이 항상 작례를 제작할 때의 흐름입니다. 경험에 따라서 하는 것도 있습니다만, 참고가 되셨을까요. 역시 많이 만들고 경험을 쌓는 것이 능숙해지는 지름길이라고 생각합니다. 또 뵙겠습니다!

> **nishi(니시)**
> 하이레벨 도색 기술로 미소녀부터 캐릭터 모델까지 아름답게 만드는 올라운더.

# EDM-GA-01
# GUNDAM LFRITH UR

BANDAI SPIRITS 1/144 scale plastic kit
"High Grade" GUNDAM LFRITH UR use
EDM-GA-01 GUNDAM LFRITH UR
modeled & described by DOOVA

「심장, 아파. 숨, 못 쉬어.
아까 먹은 과자, 토할 것 같아⋯」
「⋯그래도 나, ⋯살아 있어!!」

## 작중 이미지의 시크한 색채로 제작

애니메이션 1st Season 종반에 갑자기 나타난 건담 르브리스 울. 건담 르브리스 양산 시제 모델을 바탕으로 발전한 기체. 키트는 신규 조형으로 매시브한 디자인을 충실하게 입체화. 등의 무장 전개와 빙 개틀링 건 같은, 작중 활약을 즐길 수 있다. 이 키트의 리뷰는 DOOVA가 제작. 작중 묘사와 설정 자료를 참고해서 차분한 그린 그레이로 도색해서 키트의 선명한 성형색보다 한 단계 차분한 이미지를 완성했다.

BANDAI SPIRITS 1/144 스케일 플라스틱 키트 '하이 그레이드' 건담 르브리스 울 사용

### EDM-GA-01 건담 르브리스 울
제작·글 / **DOOVA**

**HG 건담 르브리스 울**
- 발매원/BANDAI SPIRITS 하비 디비전 크리에이션부
- 2,090엔/발매 중 ● 1/144, 약 15cm ● 플라스틱 키트

MOBILE SUIT GUNDAM THE WITCH FROM MERCURY **GUNPLA BEGINNER'S BIBLE**

▲목이 약간 묻힌 느낌이라서 목 관절 부품을 0.5mm 연장했다.

▲도색 직전 상태. 모든 평면에 사포로 면 처리를 하고 수축을 제거했지만, 스타일에는 거의 손대지 않았다.

◀가슴 셀 유닛과 머리, 등 무장은 동봉된 씰을 선택해서 GUND 포맷 가동/비가동을 재현 가능. 작례는 빨간 씰을 붙여서 가동 상태로 표현.

▼지구의 반 스페이시언 조직 「폴드의 새벽」에 소속된 소피 프로네가 탑승하는 건담 르브리스 울. 요기 건담 르브리스 손과 함께 플랜트 쿠에타를 급습, 도미니코스 부대의 MS 부대와 건담 에어리얼(개수형)과 싸웠다.

▲등에 집중 배치된 추진기는 스타 브라이트 듀랄루민과 스타 브라이트 아이언을 혼색해서 칠했다.

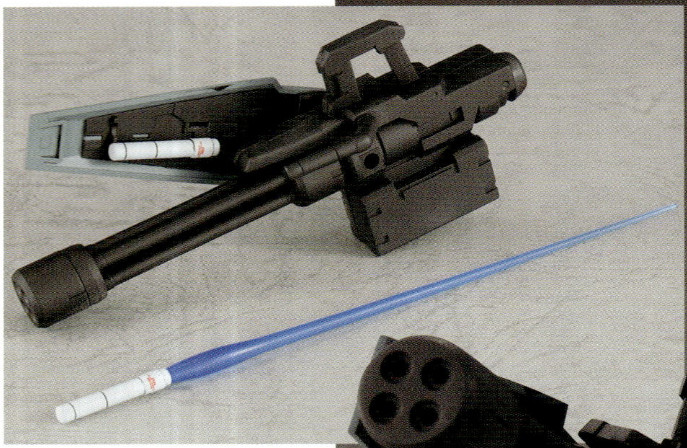

BANDAI SPIRITS 1/144 scale plastic kit "HIgh Grade"GUNDAM LFRITH UR use EDM-GA-01 GUNDAM LFRITH UR modeled & described by

▲빔 개틀링 건은 측면의 방패 「건 쉴드」 안쪽에 빔 사벨×2를 장비. 건 쉴드를 접속 기부에서 반회전하면 사벨 그립을 꺼낼 수 있다. 개틀링 총신 부분이 별도 부품이고, 포구 4개에 구멍이 뚫려 있는 점이 기쁘다.

◀▲어깨 관절 다중 기구와 빔 개틀링건 왼손 파지용 그립이 움직이는 은혜 덕분에, 개틀링 양손 파지가 제대로 재현된다.

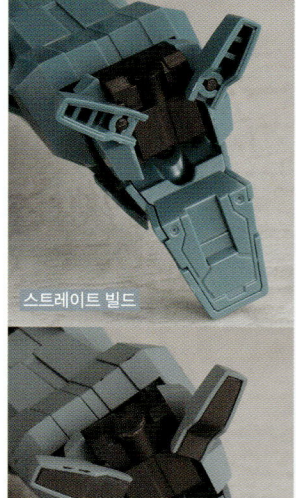

스트레이트 빌드

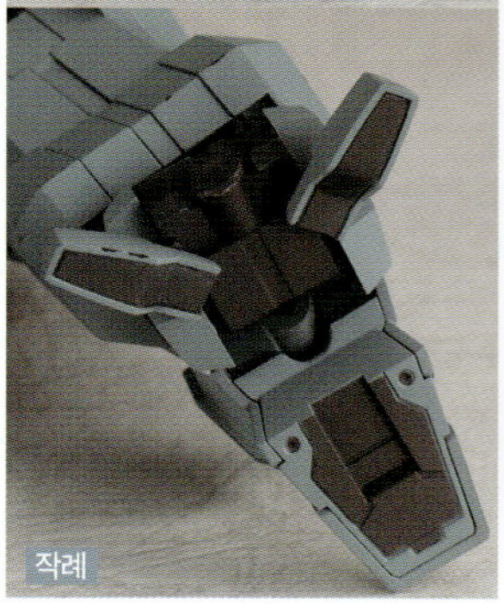

작례

▲발바닥 빈 구멍이 눈에 띄어서 프라판으로 뚜껑을 만들었다.
◀스트레이트 빌드(왼쪽)와 비교. 키트의 성형색이 좀 밝아서, 설정 자료와 작중 묘사를 참고로 채도를 낮춰서 칠했다.

# GUNPLA BEGINNER'S BIBLE

▲▶등의 「페이즈드 어레이 캐논」은 가운데를 열어서 GUND 포맷 가동 상태를 재현 가능. 각 부분의 빨간색은 프라이머리 메탈릭 레드와 형광 레드를 섞어서 묵직하게 빛나도록 했다.

▲본 기체는 개틀링과 페이즈드 어레이 캐논 같은 원거리 무기를 갖췄는데, 작중에서는 초 근거리에서 총격이나 빔 사벨을 휘두르는 등 화려한 전투를 많이 보여줬다.

■들어가며

이번 HG 건담 르브리스 울 제작을 담당한 DOOVA입니다. 역시 최신 키트!

프로포션도 색 분할도 우수해서, 도색 없이도 충분히 멋집니다. 도색할 때 소위 후조립 가공도 필요 없고, 접합선이 눈에 띄는 부분도 없어서, 끝까지 스트레스 없이 완성할 수 있다고 봅니다.

■제작에 대해

평면과 엣지의 직선적인 구성이 두드러지는 디자인이니까, 보다 날렵하고 샤프해지도록, 건드리면 베일 정도로 만들겠다는 각오로, 칼을 가는 느낌으로 사포로 전체를 다듬었습니다.

추가 공작은 발바닥 구멍 부분이 신경 쓰여서 프라판으로 막았습니다. 그리고 취향의 범주입니다만, 머리가 약간 묻힌 느낌이라서 목 관절을 0.5mm 정도 연장했습니다.

■도색과 마감

설정 자료의 메인 컬러는 어두운 청록색 느낌의 회색. 시판 도료에는 존재하지 않아서 조색해야 합니다. 이번에는 녹색 계열 회색인 RLM78 라이트 블루와 파란 계열 회색인 블루 그레이를 섞고, 검은색으로 명도를 조절했습니다. 관절에는 그라파이트 블랙을 칠했는데, 이 도료는 무광을 뿌려주면 질감이 정말 좋아지니까 추천합니다. 등 무장의 발광 부분은 동봉된 씰을 사용하지 않고 메탈릭 레드와 형광 레드를 조합해서 '묵직하게 빛나는 느낌'을 노려봤습니다.

마무리로 주의 마크 데칼을 붙인 뒤에 과하지 않을 정도로 치핑과 필터링을 해주고 완성했습니다.

■컬러 레시피

본체 회색=RLM78 라이트 블루 60%+블루 그레이 FS35189 40%+검정 조금

본체 흰색=뉴트럴 그레이 II

프레임&무기=그라파이트 블랙

추진기류=스타 브라이트 듀랄루민 50%+스타 브라이트 아이온 50%

발광 부분=프라이더리 메탈릭 레드 50%+형광 레드 50%

> **DOOVA(두바)**
> 오오카와라 쿠니오 씨를 좋아하는 모델러. 오오카와라 씨의 설정화 스타일을 완전 재현하기 위해 매일 탐구하고 있다.

# EDM-GA-02
# GUNDAM LFRITH THORN

BANDAI SPIRITS 1/144 scale plastic kit "HIgh Grade" GUNDAM LFRITH THORN use
EDM-GA-02 GUNDAM LFRITH THORN
modeled & described by KOBOPANDA

「혼자서는 불안해?
가세가 필요하면 빨리 말해」

## 엣지 워크와 디테일 강화로 존재감을 연출

2023년 3월에 건담 르브리스 울과 동시에 발매된 「HG 건담 르브리스 손」 표준적인 HG 건프라의 사양을 유지하면서, 보는 순간 인상에 남는 특징적인 체구를 재현해서, 신선한 조립감을 맛볼 수 있는 키트. 코보판다가 만드는 작례에서는, 부품을 다듬어서 직선적인 디자인이 더 두드러지게 하는 방향성으로 제작. 디테일 강화로 세세한 부분을 살려서, 냉정하게 싸우는 캐릭터성을 표현했다.

BANDAI SPIRITS 1/144 스케일 플라스틱 키드 '하이 그레이드' 건담 르브리스 손 사용

**EDM-GA-02 건담 르브리스 손**
제작·글 **코보판다**

HG 건담 르브리스 손
● 발매원/BANDAI SPIRITS 하비 디비전 크리에이션부
● 1,760엔/발매 중 ● 1/144, 약 12cm ● 플라스틱 키트

BANDAI SPIRITS 1/144 scale plastic kit "HIgh Grade" GUNDAM LFRITH THORN use EDM-GA-02 GUNDAM LFRITH THORN modeled & described by

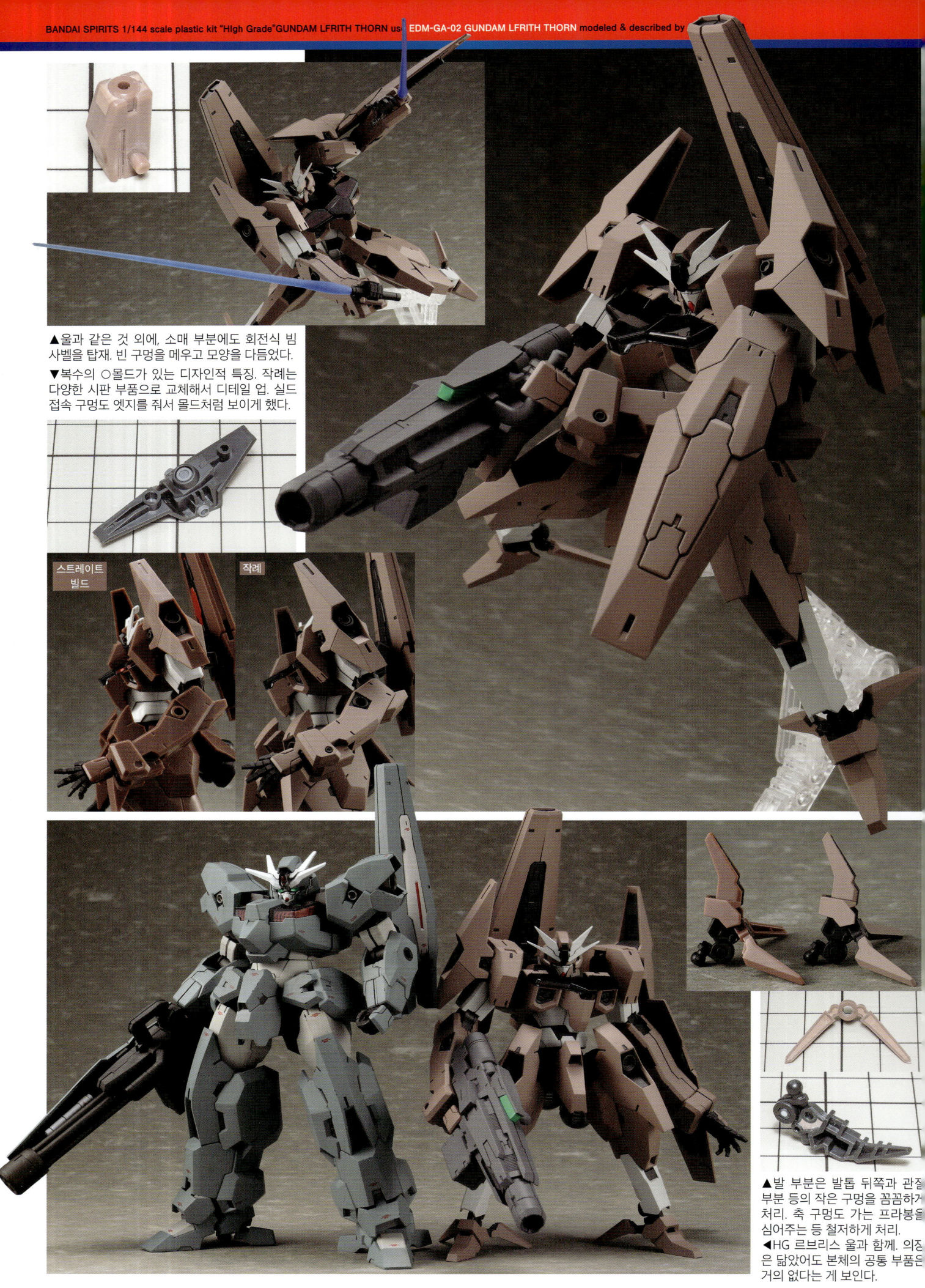

▲울과 같은 것 외에, 소매 부분에도 회전식 빔 사벨을 탑재. 빈 구멍을 메우고 모양을 다듬었다.
▼복수의 ○몰드가 있는 디자인적 특징. 작례는 다양한 시판 부품으로 교체해서 디테일 업. 실드 접속 구멍도 엣지를 줘서 몰드처럼 보이게 했다.

▲발 부분은 발톱 뒤쪽과 관절 부분 등의 작은 구멍을 꼼꼼하게 처리. 축 구멍도 가는 프라봉을 심어주는 등 철저하게 처리.
◀HG 르브리스 울과 함께. 의장은 닮았어도 본체의 공통 부품은 거의 없다는 게 보인다.

▲페이즈드 어레이 캐논은 전개 암 발광 부분의 단차를 메워줬다. 도색한 뒤에 접착해서 마스킹하는 수고를 줄였다.

■지구의 마녀들
　HG 건담 르브리스 손입니다. 건담 르브리스 양산 시제 모델을 대폭 개수한 기체라는 점은 건담 르브리스 울과 공통됩니다만, 중장갑인 울과 전혀 다른 매력이 느껴지는 기체입니다. 애니메이션에서는 기민하게 움직였는데, 그 작은 기체(울과 신장 차이가 약 7미터!)를 살린 고기동형이라는 뜻일까요.
　작례에서는 특징적인 스타일을 보다 두드러지게 하기 위해, 프로포션을 약간 변경하면서 엣지를 꼼꼼하게 처리해서 혼자서도 존재감이 느껴지게 했습니다.

■공작
　머리는 블레이드 안테나 등을 샤프하게 만들면서 볼 가리개를 위쪽에서 깎아 얇게, 그리고 아래쪽에서 0.5mm 정도 깎아서 얼굴을 작게 해줬습니다. 얼굴이 좀 더 드러나게, 볼 가리개 안쪽을 깎아서 조정했습니다. 목 부품은 구멍을 처리하면서 조인트를 기부에서 잘라서 1mm 연장하고 다시 접착했습니다.
　키트 그대로도 상당히 설정 자료와 비슷하지만, 모형적인 멋을 의식해서 다리를 늘렸습니다. 종아리의 하얀색 부분 내부 프레임을 2mm 연장하고, 거기에 맞춰서 장갑 부분을 윗부분에서 연장했습니다. 허벅지와의 균형은 가조립을 해보면서 가동에 영향이 없을 정도로. 다리를 연장했으니까 균형을 조정하기 위해 몸통 위쪽 부품을 프라판으로 0.8mm 연장했습니다.
　빈 구멍이 거의 눈에 띄지 않지만, 발바닥과 발목, 부스터 등 이미지에 영향이 있을 것 같은 부분을 중점적으로 메웠습니다.

■디테일, 도색
　상당히 각이 날카로운 형태라서, 면 처리와 엣지 살리기에 시간을 들여서 제작했습니다. 400~600, 800번 순서로 표면 처리를 하고, 나뭇조각에 붙인 사포로 꼼꼼하게 엣지를 만들었습니다. 어깨 부스터 등의 드러스터 같은 디테일은 일단 깎아낸 뒤에 시판 부품을 붙였습니다.
　키트 전체에 있는 사각 몰드는 전부 끌로 깎아주고, 장갑색을 칠한 뒤에 붓으로 관절색을 칠하여 밀도감을 연출했습니다.

본체 갈색=우드 브라운+뉴트럴 그레이+블랙+MS 레드
본체 흰색=뉴트럴 그레이Ⅰ+뉴트럴 그레이Ⅱ
관절색=메카 서프 슈퍼 헤비+뉴트럴 그레이

코보판다
몰드 파기와 프라판 공작의 정밀도가 높고, 폭넓은 도색 테크닉을 지닌 민완 모델러

# EDM-GB
# GUNDVÖLVA

BANDAI SPIRITS 1/144 scale plastic kit "HIgh Grade"
EDM-GB GUNDVOLVA
modeled & described by KINOSUKE

「날뛰어라, 건드볼바!」

## 여러 대를 만들기 위한 제작법을 모색

2023년 6월에 발매된 HG 키트 건드볼바. 작중에서는 건담 르브리스 울과 건담 르브리스 손의 건비트로 등장했고, 아스티카시아 고등 전문 학원 학생들을 공격하면서 센세이셔널한 인상을 남긴 기체. 기체는 최소한의 접합선과 조립하기 쉬운 부품으로 구성된, 수성 HG의 스탠다드 그 차제인 사양. 키노스케의 작례는 평소의 리뷰와 조금 다른 방향성으로, 「여러 대를 만들기 위한」 것을 전제로, 적은 수고로 높은 효과를 얻을 수 있는 수법으로 제작. 성형색을 살리면서 완성도를 높이기 위해 궁리한 결과를 결집한 의욕적인 작례가 됐다.

BANDAI SPIRITS 1/144 스케일 플라스틱 키트 '하이 그레이드'
**EDM-GB 건드볼바**
제작·글 / **키노스케**

**HG 건드볼바**
- 발매원/BANDAI SPIRITS 하비 디비전 크리에이션부
- 1,540엔/발매 중 ● 1/144, 약 13cm ● 플라스틱 키트

# MOBILE SUIT GUNDAM THE WITCH FROM MERCURY — GUNPLA BEGINNER'S BIBLE

▶ 블레이드 안테나는 끝을 샤프하게 하고 뒤쪽 구멍을 메웠는데, 키트와 같은 색 런너를 사용해서 도색 없이 처리했다.

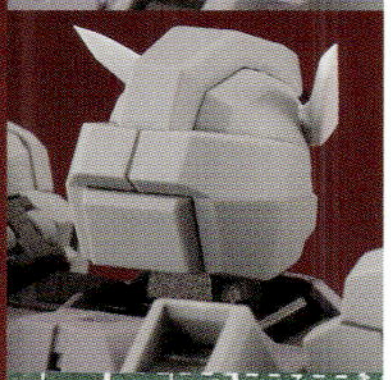

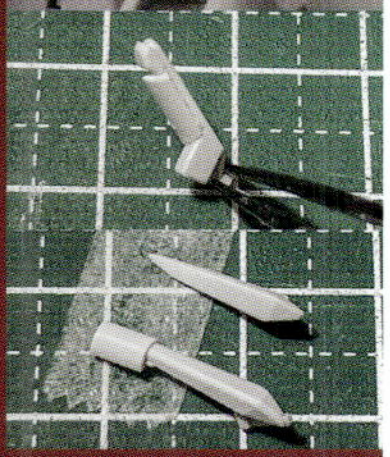

◀ GUND 포맷이 도입된 무인기로, 건담 르브리스 울과 르브리스 손이 건비트로 운용하는 기체. 새리우스 제네리 납치를 위해 소동을 일으킬 목적으로 럼블링에서 6개를 사용했고, 학생들의 MS를 공격했다. 작례에서는 작중 모습을 재현하기 위한 수법으로, 성형색을 살린 단시간 제작으로 2개를 만들었다.

◀ 관절 부분은 메탈릭 색으로 도색. 겨드랑이, 무릎 뒤쪽의 파이프 모양 몰드는 흰색으로 칠했는데, 간단하면서도 정보량을 늘려서 완성도를 높였다.

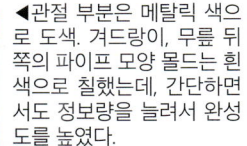

▲ 뒤에서 보면 눈에 들어오는 허리 버니어는 테두리를 얇게 다듬고, 안에 키트 부품 접속 핀을 잘라내서 붙였다. 도색하지 않고도 디테일 업.

◀ 발목 기부와 뒤꿈치의 구멍은 프라판과 시판 부품으로 메웠다. 퍼티를 사용하지 않아서 작업 속도를 올렸다.

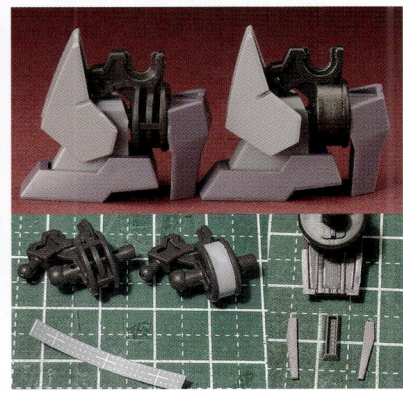

▲ 스트레이트 빌드(왼쪽)과 비교. 키트의 성형색이 양호했기에, 이런 제작법을 성립하기 쉬웠다. 블레이드 안테나 다듬기는 기본이면서도 효과적.

BANDAI SPIRITS 1/144 scale plastic kit "High Grade" EDM-GB GUNDVÖLVA modeled & described by KINOSUKE

▲▶탄창 뒤쪽 빈 구멍도 런너를 사용해서 메웠다. 방패에 일체 성형된 탄창 2개가 들어가는데, 가운데를 자르고 다듬어 주면 그대로 빔 라이플에 장착 가능.

▲빔 사벨 칼날에 그러데이션을 넣어서 빛나는 이미지로. 키트는 빔 라이플을 다리에 현가 가능하고 실드도 기부에서 위아래로 슬라이드하는 등, 서브 기믹이 충실해서 재미있다.

MOBILE SUIT GUNDAM THE WITCH FROM MERCURY **GUNPLA BEGINNER'S BIBLE**

◀눈과 빔 라이플 센서는 시타델 컬러 붓도색으로 처리. 먼저 흰색을 칠하고 노랑과 녹색을 칠해서 빛나는 표현을 해줬다.

▶먹선도 시타델 컬러 셰이드로 처리. 도색을 안 했기에, 깨질 위험을 피할 수 있다는 것이 가장 큰 메리트.

▲다수의 MS와 같이 연출할 수 있다는 점이 이 기체의 큰 매력. 여러 대를 함께 놓으면 작중 분위기를 재현할 수 있다. 꼼꼼하게 전체 도색하는 것도 좋지만, 이번 같은 제작법으로 많이 만드는 것도 즐기는 방법 중 하나라고 할 수 있다.

■ 들어가며

제14화부터 등장한 MS형 건드빗 「건드볼바」는 작중에 나온 것처럼 6대! 까지는 못 하더라도, 『수성의 마녀』 팬이라면 여러 대를 만들고 싶겠죠.

이번에는 최대한 간단히 그 꿈을 실현할 수 있도록, 포인트를 좁혀서 제작했습니다.

■ 공작

전체적으로 빈틈이 없는 상당히 만들기 쉬운 키트입니다만 블레이드 안테나, 뒤꿈치, 라이플 탄창의 빈 구멍이 눈에 띄어서 메워줬습니다. 여러 대를 만들어야 하니까 간단한 방법으로, 평소에는 그냥 버리는 런너나 태그로 구멍을 메웠습니다. 구멍과 대충 비슷하게 자른 런너를 흘려 넣는 접착제로 접착. 2~3일 건조시킨 뒤에 남는 부분을 깎아냅니다. 기포나 빈틈이 생겼으면 가늘게 자른 런너로 틈을 메우고 마찬가지로 접착하면 문제없습니다. 같은 색, 같은 소재니까 퍼티보다 다듬기 쉽고 도색도 필요 없습니다.

사이드 아머의 버니어는 눈에 띄는 부분이라서 테두리를 얇게 깎아주고 디테일업 처리했습니다. 이번에는 시판 부품을 사용하지 않고, 백팩과 몸통을 접속하는 핀을 잘라서 붙여줬습니다.

■ 도색

장갑은 먹선을 넣은 뒤에 무광 마감.

먹선에는 시타델 컬러 중 「셰이드」라는 음영을 그려 넣는 데 사용하는 도료 중에서 NULN OIL을 선택. 에나멜 도료처럼 깔끔하게 들어가지는 않아서, 몰드나 마이너스 엣지 부분에 가는 붓으로 그려주는 느낌으로 도료를 얹어줬습니다. 처음부터 묽게 희석했으니까, 한 번에 넣는 게 아니라 여러 번에 나눠서 조금씩, 자신이 원하는 농도가 되도록 넣어주는 게 요령입니다.

프레임과 무기 등에는 가이아 컬러 건메탈 +플랫 베이스로 촉촉한 질감의 메탈릭으로 도장. 마찬가지로 먹선을 넣어줬습니다.

빔 사벨은 빔 뿌리 부분에 밝은 하늘색으로 그러데이션을 넣어준 뒤에 무광 마감.

마지막으로 시타델 컬러 붓도색으로 눈과 센서를 도색해서 완성했습니다.

**키노스케**
「Ma.K.」 관련 작품을 다수 제작. 스케일부터 캐릭터까지 다양한 장르를 맡는 모델러.

# CFP-010
# HEINDREE

BANDAI SPIRITS 1/144 scale plastic kit "HIgh Grade"
CFP-010 HEINDREE
modeled & described by Ryunz

## 중후한 갑옷으로 몸을 감싼 기사 이미지로

그래슬리 디펜스 시스템즈제 모빌슈트로, 기사 같은 형태인 「하인드리」. 이 키트 리뷰는 Ryunz가 제작. 설정 자료와 키트 패키지 일러스트를 참고로 선명한 색조로 만들면서, 일부 금속 부품을 사용해서 중후한 갑옷을 걸친 기사 같은 이미지로 완성했다.

BANDAI SPIRITS 1/144 스케일 플라스틱 키트
'하이 그레이드'
**CFP-010 하인드리**
제작·글 / **Ryunz**

HG 하인드리
- 발매원/BANDAI SPIRITS 하비 디비전 크리에이션부
- 1,760엔/발매 중
- 1/144, 약 13cm
- 플라스틱 키트

▶ 그래슬리사가 개발한 MS는 모두 에비카와 무네타케 씨가 담당. 하인드리는 「PROLOGUE」에 등장한 하인그라의 흐름을 이어받으면서 보다 유선형을 의식한 디자인이다.

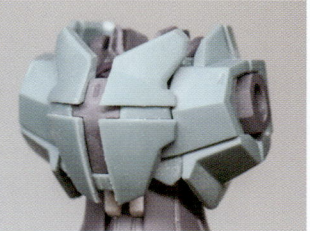

▲ 그래슬리사 MS의 공통점인 가슴 콕핏과 머리 바이저를 클리어 부품으로 재현. 목의 케이블은 흰색으로 칠해서 눈에 띄게 했다.
▶ 가슴 아머의 십자 부분에 순간 접착 퍼티를 발라서 엣지를 줬다. 너무 과하게 하면 가운데 부품이 안 들어가니까, 조절하면서 작업했다.
▼ 백팩은 둥근 기부에 노즐 3개로 구성. 각 노즐은 볼 조인트로 접속해서 자유롭게 가동한다.

▲ 스트레이트 빌드(왼쪽)와 비교. 전체적으로 엣지를 줘서 각 부분이 예리한 인상이 되었다. 키트의 성형색은 회색에 가깝지만, 설정 자료와 키트 패키지 일러스트를 참고해서 파란색이 세고 선명한 인상으로 만들고, 마킹과 데칼을 적당히 붙여서 메카니컬한 느낌을 강화했다.

BANDAI SPIRITS 1/144 scale plastic kit "High Grade" CFP-010 HEINDREE modeled & described by Ryunz

▼빔 핸드건과 랜스가 포함된 무장 「랜턴 실드」를 장비. 랜스 기부가 회전해서 사격 형태와 랜스 형태를 재현. 왼팔의 실드는 암이 가동해서 정면을 향하게 할 수 있다.

▲복부 위쪽에는 설정 자료에 없는 마이너스 몰드가 있어서 플라스틱 자재로 메웠다.

▲허리 프론트 아머 중앙에 0.5mm 프라판을 붙이고 깎아서 엣지를 줬다.

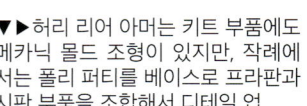

▼▶허리 리어 아머는 키트 부품에도 메카닉 몰드 조형이 있지만, 작례에서는 폴리 퍼티를 베이스로 프라판과 시판 부품을 조합해서 디테일 업.

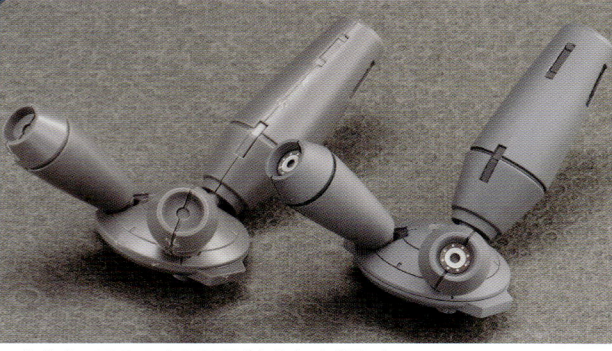

▲백팩의 노즐은 금속 부품을 붙여서 디테일 업.

▲랜스 양쪽 끝은 키트 부분을 일단 잘라내서 황동봉을 심고, 순간 접착 퍼티로 모양을 다듬어서 샤프하게 만들었다.
▶랜턴 실드 비교. 끝부분이 엄청나게 날카로워지고 길이도 늘어났다. 핸드건 총구가 막혀 있어서 구멍을 뚫고 디테일 업.

◀실드 비교. 디테일을 하나 추가했을 뿐인데도 정보량이 늘어나고, 거기에 가동 기믹이 있는 것처럼 연출할 수 있다.

◀실드 기부는 설정 자료를 참고해서 가동부 몰드를 재현. 관통하지 않도록 주의하면서 일단 새겨주고, 시판 부품을 붙였다.

# MOBILE SUIT GUNDAM THE WITCH FROM MERCURY  GUNPLA BEGINNER'S BIBLE

▶복부는 트는 동작이 가능한 구조고, 다리의 양호한 가동과 어울리면서 다양한 포즈를 즐길 수 있다.

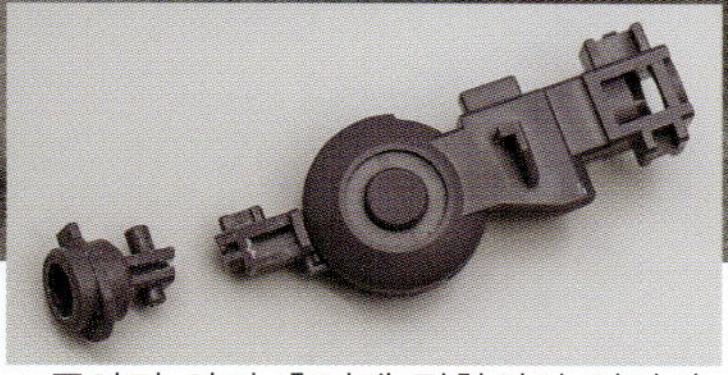

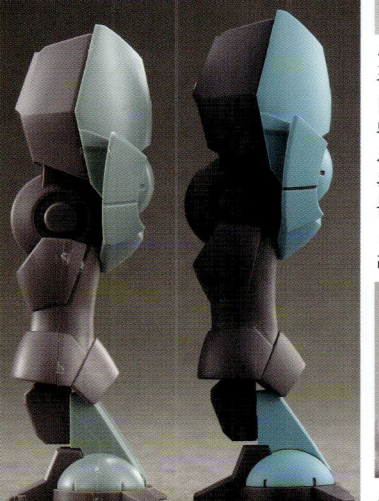

▲종아리 아머 측면에 접합선이 있어서, 프레임 부분에서 잘라내서 후조립 가공.

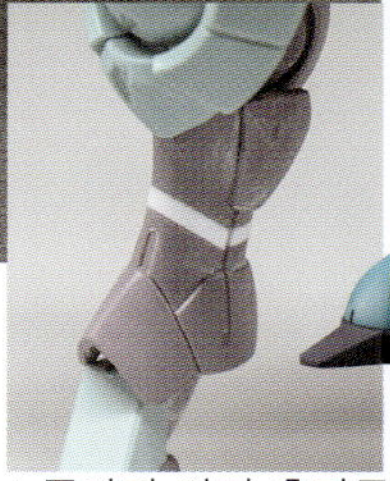

▶종아리 아머 앞뒤를 붙인 상태에서 꽂을 수 있도록 핀 구멍 뒷부분을 잘라냈다.

▲종아리 아머 후가공에 맞춰서 위아래로 1.5mm 연장. 내부 접속 핀을 피하기 위해 앞뒤 부품을 따로 가공했다.

◀다리 부품 비교. 접합선이 없어진 것과 동시에 종아리의 가장 긴 부분을 연장한 것을 확인할 수 있다.

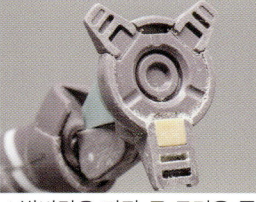

▲발바닥은 가장 큰 구멍을 폴리 퍼티로 메워서 처리. 도색을 위해 분리가 가능하게 했다. 중앙에 금속 부품을 붙여서 디테일 업.

넓은 가동 범위를 지녔으면서도 가동할 때 틈새가 보이지 않는 훌륭한 부품 구성입니다. 프로포션에는 최소한으로만 손을 대고, 엣지 주기와 구멍 메우기를 중심으로 제작했습니다.

■ 머리
정수리 꼭대기가 둥글어서 순간 접착 퍼티를 바르고 엣지를 세웠습니다. 블레이드 안테나 끝도 둥그스름해서, 마찬가지로 엣지를 줬습니다.

■ 몸통
목 관절 뒤쪽에 구멍이 있어서 프라판을 붙여서 막았습니다. 가슴 아머의 십자 부분의 엣지가 어설퍼서 순간 접착 퍼티를 바르고 엣지를 줬습니다. 복부의 우묵한 모양은 플라스틱 자재로 메웠습니다. 허리 프론트 아머는 가슴에 맞춰서 플라스틱 자재를 덧붙여서 엣지를 연출. 허리 리어 아머 안쪽은 폴리 퍼티와 플라스틱 자재 등으로 메워줬습니다.

■ 팔
어깨 가동은 대칭이 되도록 몰드를 넣고 3개 부품 구성으로 보이도록 변경. 위팔 접합선은 접착해서 처리. 손 부품은 HGBC 차원 빌드 너클즈 「각」 스몰 사이즈로 변경했습니다.

■ 다리
종아리 아머 접합선을 처리하기 위해 다리 프레임을 후조립 가공. 프레임을 자르고 발목 쪽 프레임을 끼워 넣는 방식으로 접합선을 처리. 무릎 쪽은 프레임과 아머가 간섭하는 부분을 가공에서 위에서 꽂을 수 있게 했습니다.

■ 무장 등
빔 핸드건은 총구를 뚫어줬습니다. 랜스 끝 부분은 황동봉으로 교체해서 날카롭게. 실드 접속 암에 가동축 이미지의 시판 부품을 심었습니다. 백팩은 노즐 부분 접합선을 처리하고, 분사구에 에칭 부품을 붙였습니다.

■ 도색
설정 자료와 패키지의 이미지로 칠했습니다.
녹색=컨테이너 블루
남색=메카 서프 허비+퍼플 바이올렛+Ex 블랫+수지 블루
흰색=웜 라이트 그레이
무기=메카 서프 라이트
센서=GX 메탈 바이올렛
버니어=프레임 메탈릭2

---

**Ryunz(륜즈)**
세세한 곳까지 챙기는 꼼꼼한 공작과 확실한 도색이 특기. 고양이와 자동차를 좋아한다.

057

MOBILE SUIT GUNDAM THE WITCH FROM MERCURY **GUNPLA BEGINNER'S BIBLE**

▼하인드리와 모양이 다른 머리와 가슴 장갑을 신규 부품으로 재현. 작례는 사포로 부품의 면을 다듬어서 약간 샤프하게 만들었다.

▶하인드리의 원형 방패와 다르게 직선으로 구성된 신규 조형 방패. 기체 각 부분의 그래슬리사 마크는 「건담 데칼 No.134 수성의 마녀 범용2」의 하인드리용 데칼을 사용.

059

▶어깨 빔 캐논의 포신은 접합선이 몰드로 처리되어 있다.

▼백팩 추진기가 약간 심심해 보여서, 시판 원형 버니어 부품으로 디테일을 추가했다.

▲무릎 프레임은 사진 위치에서 절단하면 후조립 가능. 종아리는 중간에서 절단, 2mm 프라판을 끼워서 연장.

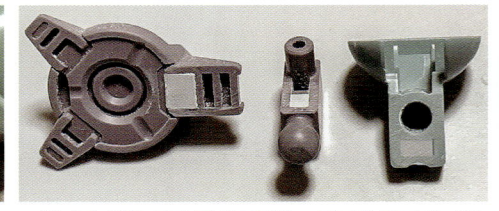

▲발바닥, 발목 관절 등의 구멍은 프라판을 잘라서 메웠다.

▲무릎 아머 뒤쪽 공간에는 정사각형으로 자른 0.3mm 프라판을 같은 간격으로 붙여서 밀도를 높였다.

▲도색 중 상태. 먼저 퍼플 그레이를 칠하고, 남길 부분에 마스킹한 뒤에 다크 그레이를 뿌려서 2색 위장으로 처리.

▲P.054의 하인드리(제작/Ryunz)와 함께. 기본적으로 같지만 머리, 가슴, 무장 등이 달라지면서 인상이 크게 변했다.

MOBILE SUIT GUNDAM THE WITCH FROM MERCURY **GUNPLA BEGINNER'S BIBLE**

▲▼빔 라이플의 정보량을 늘리기 위해, 사이드 그립 등의 세세한 부분을 뉴트럴 그레이로 칠해서 살짝 어레인지. 센서 부분은 반짝이 테이프를 잘게 잘라 붙여서 반짝이도록 가공.

▲어깨와 허리 추진기도 시판 부품으로 디테일 업 했다.
▼실드는 암 쿠분에 복수의 관절을 탑재. 실드를 정면으로 향할 수도 있다.

▲가동이 뛰어난 하인드리를 사용했기에, 복부를 트는 움직임도 가능. 어깨와 다리의 양호한 가동 성능과 어우러지면서 다양한 격투 액션을 즐길 수 있다.

이번에 제작한 하인드리 슈트룸은 기사 같은 장비를 지닌 하인드리와 거의 공통된 본체를 지녔지만, 무장이 일신되면서 분위기가 상당히 달라 보입니다. 이미 하인드리를 만든 분도 신선한 기분으로 만들 수 있지 않을까요. 키트가 설정 자료와 아주 비슷하니까, 크게 개수하지 않고 꼼꼼하게 만드는 것을 염두에 두고 제작했습니다.

■제작
먼저 발과 팔꿈치 관절 뒤쪽 등의 네모난 구멍을 프라판을 붙여서 메웁니다. 완성되면 거의 안 보이지만, 간단한 공작이니까 추천합니다.
또한 전체적인 밸런스를 보니 몸통이 약간 길어 보여서, 종아리 부분을 약 2mm만 연장. 하는 김에 무릎 관절을 후조립 가공했습니다.
어깨, 허리, 백팩, 발바닥 추진기 디테일 안쪽도 시판 부품으로 디테일 업. 손 부품도 작은 시판 부품으로 바꿨습니다. 무릎 뒤쪽이 약간 허전해서 정사각형으로 자른 0.3mm 프라판을 같은 간격으로 붙여서 디테일을 추가. 조금이지만 몰드를 팔, 다리에 넣어줬습니다. 무릎 관절 측면에는 시판 ⊖모양 에칭 부품을 붙였습니다.

■도색
설정 자료의 컬러링으로 칠하면서, 다크 그레이 부분에 살짝 위장 처리를 해봤습니다. 왼쪽 어깨에서 오른쪽 다리에 걸쳐서 투 톤 컬러 위장으로 했습니다. 전체에 위장을 넣으면 산만해지니까 가능한 한 집중하면서, 장갑에서 장갑에 걸치는 넉처럼 마스킹을 하면 산만해 보이지 않는다고 생각합니다. 이번에는 밝은 색부터 칠하고 마스킹으로 다크 그레이를 칠해봤습니다.

회색(밝은)=EV-01 에바 퍼플+뉴트럴 그레이 I
다크 그레이=회색(밝은)+위노우 블랙 조금
관절색1=더그람 컬러 CB-16 다크 퍼플
관절색2=프탈로시아닌 블루 블루 임펄스 컬러
가슴, 위팔=뉴트럴 그레이 I
백팩=RLM75 그레이 바이올렛
고글=클리어 퍼플
기본 도색을 하고 타미야 에나멜 도료 저먼 그레이로 먹선을 넣은 뒤에, 마무리로 Ex-플랫 클리어 프리미엄을 뿌려서 완성했습니다.

**후와유우**
단정한 데칼 워크와 파스텔 톤 도색에 정열을 쏟는 모델러. 건프라 중에 우주세기 MS를 세끼 밥보다 좋아한다.

# F/D-20 ZOWORT HEAVY

**BANDAI SPIRITS 1/144 scale plastic kit**
**"High Grade" ZOWORT HEAVY use**
**F/D-20 ZOWORT HEAVY**
**modeled & described by ARUE**

「돌입 개시.
제압, 검거하라」

## 중무장 사양 조워트를 밀리터리풍으로 제작

딜란자 솔과 마찬가지로 2023년 4월에 HG로 발매된 조워트 헤비. 본편에서는 제4화에서 등장. 빔 캐논과 미사일 런처를 추가하고 라이플도 대형화한 조워트의 실전 사양. ARUE의 작례에서는 투박해진 이미지를 밀리터리 테이스트로 도색해서 더욱 강조하는 방향성으로 제작. 키트의 좋은 퀄리티와 어우러지면서, 웨더링 도색의 효과가 현저하게 나타났다.

BANDAI SPIRITS 1/144 스케일 플라스틱 키트
'하이 그레이드' 조워트 헤비 사용

### F/D-20 조워트 헤비
제작·글 / **ARUE**

**HG 조워트 헤비**
● 발매원/BANDAI SPIRITS 하비 디비전 크리에이션부
● 1,760엔/발매 중  ● 1/144, 약 13cm  ● 플라스틱 키트

▲틱발랑에 태운 상태. 양쪽 모두 페일 테크놀로지즈 제 병기라서 상당히 잘 어울린다.

### ■들어가며
조워트 헤비를 담당한 ARUE입니다. 잘 부탁드립니다.
기체는 조워트에 무장을 추가한 실전 사양입니다.

### ■머리
차양 모양이 변경되고 발칸포가 추가됐습니다. 카메라의 메카 부분을 실버로 칠해서 바이저 너머로도 보이게 해줬습니다.

### ■몸통
목 뒤쪽, 허리 앞뒤 아머 안쪽을 에폭시 퍼티로 메웠습니다. 각 면을 다듬고 몰드를 새로 파서 정밀도를 높였습니다.

### ■팔
표면 다듬기와 몰드 파기를 했습니다. 추가된 어깨 아머 등, 각 엣지를 확실하게 해줬습니다.

### ■다리
무릎 아머 안쪽의 틈을 에폭시 퍼티로 메웠습니다. 퍼티에 립크림 등을 바르고 다듬어서, 도색할 때 뺄 수 있게 했습니다. 나머지는 역시 면 정리와 몰드 다시 파기로 정밀도를 높였습니다.

### ■도색
컬러 레시피는 다음과 같습니다.
녹색=진녹색+MS 딥 그린
남색=슈퍼 딥 블루
관절 등 회색=메카 서프 라이트
무장 등 회색=메카 서프 슈퍼 헤비
센서 등 녹색=라이트 그린
먹선은 웨더링 컬러를 도포하고 남은 브라운으로 처리했습니다.
기본 도색을 하고 웨더링. Mr. 웨더링 컬러 라이트 브라운을 전체에 도포하고, 마르면 티슈와 면봉으로 웨더링 컬러를 닦아냅니다. 마른 뒤에 너무 많이 닦은 부분은 에나멜 용제로 지웠습니다.
완성한 부품에 무광 클리어를 뿌려서 밑칠을 만듭니다.
그리고 엣지와 면을 의식하면서 리얼 터치 마커 그레이와 브라운, 코픽 그레이 0.3mm 등을 사용해서 얼룩을 그렸습니다. 점을 이어가며 점점 퍼트려가는 느낌으로 그렸습니다.
마지막으로 웨더링 마스터(검댕, 녹)을 사용해서 밸런스를 잡았습니다.
접합선도 눈에 띄지 않고 장비도 충실한 키트입니다. 틱발랑으로 견인 디스플레이도 가능합니다.
꼭 한번 만들어보셨으면 좋겠습니다!

**ARUE(아루)**
몰드 파기와 면 처리 등, 꼼꼼하고 확실한 공작이 눈에 띄고, 청결감 있는 도색이 특징.

# MD-0031UL
# DILANZA SOL

BANDAI SPIRITS 1/144 scale plastic kit
"HIgh Grade" DILANZA SOL use
MD-0031UL DILANZA SOL
modeled & described by Ryunz

「나는 라이벌의 머리를
직접 두들겨서
이기고 올라온 남자다…!」

## 빔이 탑승한 기체를
## 이미지로 유광 처리

2023년 4월에 발매된 HG 딜란자 솔. 검정 바탕의 컬러링과 커진 실드, 강화된 무장 등, 스파르탄 같은 인상이 강해진 딜란자 실전 사양 기체. Ryunz의 작례에서는 12화에서 빔 제타크가 탑승했던 기체 이미지로 제작. 유광 도색을 해서 고급 차량 같은 이미지로 만들었다.

BANDAI SPIRITS 1/144 스케일 플라스틱 키트
'하이 그레이드' 딜란자 솔 사용
**MD-0031UL 딜란자 솔**
제작·글 / **Ryunz**

HG 딜란자 솔
● 발매원/BANDAI SPIRITS 하비 디비전 크리에이션부
● 1,760엔/발매 중 ● 1/144, 약 13cm ● 플라스틱 키트

MOBILE SUIT GUNDAM THE WITCH FROM MERCURY **GUNPLA BEGINNER'S BIBLE**

▶제타크 헤비 머시너리의 실전용 MS. 자동 추적 타입 클러스터 미사일을 사출하는 HC 미사일 런처를 등에 장비. 양쪽 어깨의 실드도 커졌고, 빔 라이플에는 빔 바요넷 유닛이 추가됐다. 키트는 HG 딜란자를 베이스로, 이런 변경점들을 신규 부품으로 재현.

◀▲나카이 노조무가 제작한 딜란자(월간 하비재팬 2023년 1월호 게재)와 함께. 변경점은 적지만, 어깨의 대형 실드 덕분에 중후함이 증가했다. 설정적으로는 등 장비 차이도 포인트.

067

BANDAI SPIRITS 1/144 scale plastic kit "High Grade" MD-0031UL DILANZA SOL modeled & described by Ryunz

▲▲목에서 1mm, 복부에서 2mm 연장해서 등신을 늘렸다. 복부는 늘린 만큼 틈새를 가려줬다. 손목은 프라판으로 디테일을 한 단계 추가.
▼어깨 인출 관절의 구멍을 에폭시 퍼티로 메웠다. 백팩 노즐은 시판 부품으로 교체해서 샤프하게.

▶실드 기부 부품을 가동하면 구멍이 얼핏 보여서, 여기도 메워서 처리. 생각보다 눈에 띄는 곳이라서, HG 딜란자와 마찬가지로 챙겨두면 좋은 공작 포인트.

▶▼허리 아머 안쪽의 빈 구멍을 퍼티와 프라판으로 메웠다. 특히 정면에서 보면 눈에 띄는 리어 아머 안쪽은 시판 부품도 병용해서 디테일 업. 색도 구분해줘서 은근슬쩍 볼거리로 만들었다.

▼각 관절에 자잘한 구멍이 있어서 에폭시 퍼티로 끈기 있게 처리. 무릎과 팔꿈치의 구멍 일부는 퍼티를 별도 부품으로 만들고 따로 칠해서 디테일 업에 이용했다.

▲메인의 검정색을 유광으로 처리해서, 벤츠 같은 고급 차량 같은 분위기로. 반광, 무광도 사용해서 완급을 줬다.

■들어가며

이번에는 딜란자 솔을 제작했습니다. 퀄리티가 좋은 키트라서, 하비재팬지에 발표된 작례를 참고로 엣지 살리기와 구멍 메우기 등을 꼼꼼하게 처리해서 키트의 완성도를 높이는 방향으로 가는 한편, 프로포션을 약간 변경했습니다.

■머리

관자놀이의 접합선을 없애기 위해, 헬멧 부분을 자르고 센서 부품을 후조립 가능하게 했습니다. 후두부에도 접합선이 생기지만, 여기는 분할선으로 활용했습니다.

■몸통

몸통 쪽 목 연결 부분을 1mm 연장하고, 가슴 발칸포를 뚫어줬습니다. 어깨 관절 아래 부분이 비어 있어서 퍼티로 채워줬습니다. 허리 관절을 2mm 연장. 틈새는 프라판 등을 사용해서 메웠습니다. 프론트 아머 안쪽은 에폭시 퍼티로 뚜껑을 만들고, 표면에 그럴듯한 몰드를 새겨줬습니다. 리어 아머 양쪽 빈 구멍은 설정 자료를 참고하며 프라판으로 디테일을 추가. 백팩은 아래쪽 틈새를 프라판으로 막았습니다.

■팔

어깨 접합선을 처리하고, 실드 기부는 회전할 때 구멍이 눈에 띄어서 에폭시 퍼티로 메웠습니다. 팔꿈치 관절의 구멍도 퍼티로 메웠는데, 도색 편의를 생각해서 뺄 수 있게 만들었습니다. 손 부품은 HGBC 차원 빌드 너클즈 「각」을 사용. 소매가 허전해서 프라판으로 프레임 느낌 몰드를 추가했습니다.

■다리

허벅지와 종아리의 접합선은 접착해서 없앴습니다. 팔꿈치 관절에 있는 구멍은 에폭시 퍼티로 뚜껑을 제작. 팔꿈치처럼 뺄 수 있게 만들었습니다. 발목 관절 구멍도 에폭시 퍼티로 메웠습니다.

■도색

이번에는 유광, 반광, 무광을 구분해서 칠했습니다. 평소에는 유광을 거의 사용하지 않았는데, 막상 해보니 너무 멋져서 깜짝 놀랐습니다.

남색=셰도우 블랙
회색=저먼 그레이 'DUNKELGRAU'
흰색=이니시그니어 화이트
보라색=GX 메탈 바이올렛
관절1=다크 아이언
관절2=메탈릭 그레이
무기 등=RLM75 그레이 바이올렛

# '움직이지 않으니까' '움직이게 한다'?! 명장면을 디오라마로 재현!

# "WITCH & BRIDE"

BANDAI SPIRITS 1/144 scale plastic kit "HIgh Grade" GUNDAM AERIAL & GUEL'S DILANZA use
"WITCH & BRIDE"
the diorama built & described by KOJIMA DAITAICHO

### 한 장면을 잘라내는 「디오라마」로 제1화의 명장면을 입체화!

다음으로 전해드릴 것은 복수의 모티프와 베이스로 구성하는 「디오라마」 작례. 「수성의 마녀」 제1화에서, 마지막 부분의 결투에 결판이 나는 장면을 재현했다. 기본적으로 건프라는 각 관절이 가동해서 다양한 포즈를 만들 수 있게 설계되었지만, 이 작례에서는 굳이 고정해서 제작. 파괴된 딜란자와 빔 사벨를 휘두른 에어리얼 등, 고정 모델이기에 가능한 역동감과 현장감을 표현했다. 애니메이션의 한 장면을 그대로 재현하는 데 있어, 디오라마는 가장 적합한 수법이라고 할 수 있다. 베이스 제작과 대미지 가공도 같이 설명할 테니, 꼭 제작에 도전해보셨으면 싶다.

BANDAI SPIRITS 1/144 스케일 플라스틱 키트
'하이 그레이드' 건담 에어리얼&딜란자(구엘 전용기) 사용
**'마녀와 신부'**
디오라마 제작·글 / **코지마 대대장**

「GUND-ARM…. 건담」

BANDAI SPIRITS 1/144 scale plastic kit "High Grade" GUNDAM AERIAL & GUEL'S DILANZA use "WITCH & BRIDE" modeled & described by KOJIMA DAITAICHO

▲디오라마 전경. 크기는 가로 35cm, 세로 26cm, 높이(딜란자 머리까지) 19cm 가량. 제1화의 묘사를 관찰하고 딜란자에 대미지 가공을 해서 배치. 에어리얼도 거의 고정이지만 목 등은 가동을 남겨서, 각도에 따라 미세 조정이 가능하게 했다.

▼딜란자를 보다 입체적으로 보여주기 위해, 베이스에 기복을 주고 사면에 각 부품이 확산되도록 배치. 파츠가 서로 겹치지 않고, 많은 요소가 눈에 들어오도록 계산했다. 각도에 따라 보이는 방식이 크게 달라지면서, 보다 매력적인 작품이 됐다.

MOBILE SUIT GUNDAM THE WITCH FROM MERCURY **GUNPLA BEGINNER'S BIBLE**

▼ 에어리얼은 거의 스트레이트 빌드. 왼손은 HG 건담 AGE-1의 편손을 유용. 손목 축을 자르고 각도를 변경해서, 빔 사벨을 휘두른 뒤에 받치는 손으로 만들었다. 이런 자잘한 연기도 고정 모델이기에 가능한 표현.

▲ 허벅지, 무릎 아머, 어깨 아머 등은 접합선을 없애고, 도색을 위해 후조립 가공. 회색 건비트는 빈 구멍을 메웠다.

▲ 딜란자의 깃털 장식은 100엔 숍의 소재를 사용해서 재현. 작중에서는 거의 전부 뜯겨서 날아가 버렸지만, 인상 깊은 장면이었기에 굳이 남기는 쪽으로 어레인지. 절반 정도 잘라내서 작중 묘사도 담았다.

BANDAI SPIRITS 1/144 scale plastic kit "High Grade" GUNDAM AERIAL & GUEL'S DILANZA use "WITCH & BRIDE" modeled & described by KOJIMA DAITAICHO

## 당신도 할 수 있다?! 베이스 제작법

▲이번 베이스 제작 순서. 주요 소재는 홈센터 등에서 파는 단열재 스타일로 폼을 사용. 먼저 2대를 올려놓고 레이아웃과 포즈를 검토하면서 디오라마의 크기와 기복을 결정.

▲기복을 줄 부분은 스타일로 폼을 쌓아서 접착. 이것을 스티로폼 가공 등에 사용하는 폼 커터로 깎아서 바위처럼 만들어간다. 수시로 MS를 배치해서 상태를 보며 요철을 준다.

◀베이스 토대를 형성했으면 와이어 브러시 등으로 표면을 문질러서 분위기를 살리고, 히트 건으로 표면을 살짝 녹여주면 더욱 지면 같은 느낌이 된다.

▶철도 모형 소재 시너리 플라스터에 물과 목공용 본드를 추가하고, 수성 도료로 지면의 베이스 색으로 만든 것을 도포. 마르면 기본 부분은 완성. 설원이나 모래를 표현할 수 있는 디오라마용 도료도 판매하니까, 그것을 활용해도 좋다.

▲이번에는 시너리 플라스터가 마른 뒤에 물로 희석한 회색 수성 도료로 워싱. 그리고 드라이 브러시로 포인트를 줬다.

▲에어리얼의 발 근처 흙먼지는 수예용 마이크로 파이버를 풀어주고 착색해서 사용. 보통 건프라 제작에서는 사용하지 않는 소재를 활용하는 것도 디오라마 제작의 재미.

## 딜란자 대미지 가공

▶본편 작화에서는 단면에 내부 프레임 같은 것이 보인다. 비슷한 모양의 부품을 골라서 절단 부분에 심어서 이것을 재현. 단면은 전기 인두로 녹였다. 본체 색을 칠한 뒤에 단면에 오렌지색 도료를 스펀지로 발라주면, 건비트에 녹아서 잘린 대미지 자국 완성!

MOBILE SUIT GUNDAM THE WITCH FROM MERCURY **GUNPLA BEGINNER'S BIBLE**

제1화에서 순식간에 구엘의 딜란자를 쓰러트린 에어리얼의 모습은 『수성의 마녀』 팬 여러분이 이 작품에 몰입하는 계기가 된 명장면이 아니었을까요?
이번에는 HG 2대를 사용해서 이 장면의 작례를 담당했습니다. 다음은 제작 해설입니다.

■ 건담 에어리얼

키트가 우수하고 관절도 잘 움직여서 포징의 자유도가 높고, 좋은 연기를 해줍니다. 허벅지 뒤쪽과 어깨 일부에 접합선이 드러나서, 이걸 처리한 뒤에 후조립 가공. 건비트 접속용 구멍과 빈 구멍을 꼼꼼하게 메워서 고정 포즈에서 더 깔끔해 보이도록 처리했습니다.
빔 사벨을 받치는 왼손은 HG 건담 AGE-1 노멀의 편손을 가져왔고, 손등 디테일을 에어리얼에 맞췄습니다.

■ 딜란자(구엘 전용기)

접합선 등의 기본적인 처리를 한 뒤에, (죄악감에 시달리면서)레이저 쏘로 사지를 절단. 허벅지와 프론트 아머에는 유용한 부품으로 프레임처럼 보이는 뭔가를 넣어주고, 전기 인두로 절단면을 녹여서 표현했습니다. 인상적인 깃털 장식은 100엔 숍에서 발견한 실제 깃털로 교체했습니다.
기본색을 도색하고 플랫 블랙으로 절단면 내부를 칠한 뒤에, 오렌지색에 형광 오렌지를 섞은 도료를 스펀지에 적셔서 톡톡 두드려주면, 녹은 디테일 표면에만 선명한 오렌지색이 남아서 고온의 열에 녹아버린 단면을 표현할 수 있습니다.
각 부품의 사각(死角) 부분을 선택해서 0.5~1mm 황동봉을 꽂아서 베이스에 설치했습니다.

■ 베이스

재료는 기본적인 스타일로 폼. 이것을 폼 커터로 잘라서 대략적인 기복을 만듭니다. 특히 딜란자 쪽은 지지대인 황동봉이 보이지 않도록, 의도적으로 자잘한 봉우리를 만들어서 가려줬습니다. 표면에는 KATO의 시너리 플라스터에 목공용 본드를 섞고, 수성 도료로 지면의 베이스 색을 만들어서 솔로 처덕처덕 칠하고, 마른 뒤에 뉴트럴 그레이→버프색으로 드라이 브러시해서 거친 표정을 강조했습니다. 에어리얼의 발밑에는 흙먼지 표현으로, 인형 속에 채워넣는 마이크로 파이버라는 솜 상태의 섬유를 적당히 풀어서 버프색으로 가볍게 착색, 스프레이 접착제를 뿌려서 바닥에 고정했습니다.

■ 컬러 레시피

[에어리얼]
흰색=뉴트럴 화이트
파랑=아이스 코발트 블루→밀리언 블루
노랑=등황색→마일드 오렌지
빨강=마호가니+브라이트 레드
관절=메카 서프 헤비
[딜란자]
보라=호무라아즈키(焰小豆)색+순색 마젠타+라일락 핑크
회색=블랙 그린
녹색=오라 그린
흰색=뉴트럴 그레이

> **코지마 대대장**
> 세미 스크래치나 디테일 업, 웨더링 도색 등 온갖 기법에 정통한 베테랑.

## CHAPTER 3 『기동전사 건담 수성의 마녀』 건프라 카탈로그

●발매원/BANDAI SPIRITS 하비 디비전 크리에이션부 ●플라스틱 키트

2022년부터 방영한 TV 애니메이션이 당당히 완결되고, 작중에서 활약한 모빌슈트 대부분이 건프라로 출시됐습니다. 건프라들을 소개합니다. 키트 구입에 참고하세요.

## PROLOGUE

### GUNDAM LFRITH
▲전일담 『PROLOGUE』에 등장. 셀 유닛 인몰드 성형 부품과 더블 사이드 씰 등 『수성의 마녀』 건프라의 새로운 포맷을 보여준 기념비적인 건프라. 실드는 7기의 비트 스테이브로 분리.

**HG 1/144 건담 르브리스**
●1,760엔, 2022년 8월 6일 발매

### BEGUIR-BEU
▲건담 르브리스와 격렬한 전투를 펼친 베귀르 베우. 본체 외에 특수 장비 「논 키네틱 포드」와 그것을 지탱하는 전용 받침대가 포함.

**HG 1/144 베귀르 베우**
●1,760엔, 2022년 8월 6일 발매

## Season 1

### GUNDAM AERIAL
▶HG 건담 르브리스와 마찬가지로 인몰드 성형된 셀 유닛과 더블 사이드 씰을 이용한 셀 유닛 발광, 비발광 선택 등, 플레이 밸류가 상당히 좋은 키트.

**HG 1/144 건담 에어리얼**
●1,430엔, 2022년 10월 2일 발매

▼실드가 11기의 비트 스테이브로 분리. 분리한 비트 스테이브는 본체에 장착 가능. 또한 실드의 부품을 이용해서 빔 라이플 롱 배럴 상태도 가능.

▲빔 라이플에는 빔 블레이드 부품을 장착 가능.

### SD GUNDAM EX-STANDARD GUNDAM AERIAL
◀2023년 시점에서 본 작품의 유일한 SD 키트. 셀 유닛 발광, 비발광은 동봉된 씰로 표현 가능. 또한 키트 오리지널 무장을 만들 수 있다는 점도 재미있는 포인트.

**SD건담 EX 스탠다드 건담 에어리얼**
●660엔, 2022년 10월 15일 발매

▲이쪽이 키트 오리지널 무장. 1/144 스케일 건프라에도 장착하며 즐길 수 있다.

MOBILE SUIT GUNDAM THE WITCH FROM MERCURY **GUNPLA BEGINNER'S BIBLE**

## GUEL'S DILANZA

▼특징적인 마젠타색 기체를 성형색으로 멋지게 표현한 키트. 빔 파르티잔의 박력도 압권.

HG 1/144 딜란자(구엘 전용기)
●1,760엔, 2022년 10월 8일 발매

## DILANZA STANDARD TYPE

▼구엘 전용기와 다른 부품과 무기로 구성된 것이 특징. 부품을 선택해서 일반기와 전용기를 선택해서 조립 가능. 이쪽이 일반기.

HG 1/144 딜란자(일반기/라우더 전용기)
●1,760엔, 2022년 11월 5일 발매

## LAUDA'S DILANZA

▲대형 액스 외 전용 어깨 부품과 블레이드 안테나가 특징적인 라우더 전용기.

## CHUCHU'S DEMI TRAINER

◀전용 컬러링과 무장이 포함된 추츄의 데미 트레이너. 백팩에서 빔 라이플로 이어지는 케이블은 리드선으로 표현.

HG 1/144 데미 트레이너(추츄 전용기)
●1,540엔, 2022년 11월 5일 발매

## DARILBALDE

▶양팔과 등에 탑재한 4자루 칼날 「이슈와라」의 기믹을 재현. 빔 자벨린에 빔 사벨 부품과, 전시용 스탠드 등 부속품이 풍부

HG 1/144 다릴 바르데
●2,090엔, 2022년 12월 3일 발매

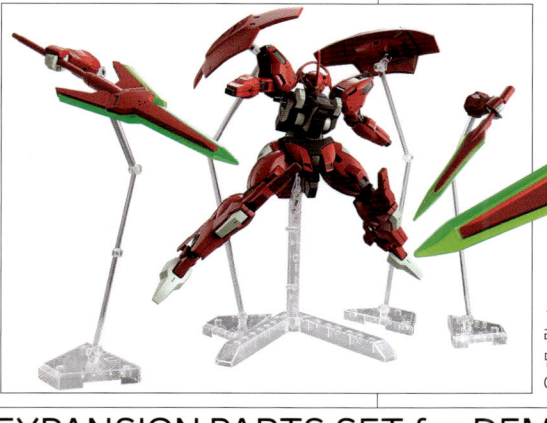

◀별매품 웨폰 디스플레이 베이스와 병용하면 놀이의 폭이 더 넓어진다.

## EXPANSION PARTS SET for DEMI TRAINER

▶별매품 데미 트레이너용 커스터마이즈 파츠 세트. 편 손 외에 빔 라이플과 개틀링 같은 박력있는 무기도 세트로 구성.

HG 1/144 데미 트레이너용 확장 파츠 세트
●880엔, 2022년 12월 10일 발매

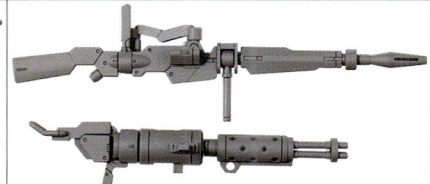

## DEMI TRAINER

◀추츄 전용기 뒤에 발매된 일반 사양. 키 구성이 심플해서 부담없이 커스터마이즈를 즐길 수 있다. 사벨 스틱, 빔 건, 실드 포함.

HG 1/144 데미 트레이너
●1,320엔, 2022년 12월 10일 발매

## GUNDAM PHARACT

▶멋진 요소가 넘쳐나는 디자인의 건담. 발을 접고, 어깨 장갑 위쪽에서 백 부스터를 전개하는 고유 기믹을 재현.

HG 1/144 건담 파렉트
●2,090엔, 2022년 12월 17일 발매

◀별매품 웨폰 디스플레이 베이스를 사용하면, 어깨 아머 뒤에 탑재된 건 비트를 사출한 상태로 전시 가능.

PLASTIC MODEL KIT CATALOG

## MIRASOUL FLIGHT UNIT
▼대 건담 파렉트전에서 에어리얼이 장비한 플라이트 유닛과 포징의 폭이 넓어지는 편손 부품을 동봉.

HG 1/144 미라소울제 플라이트 유닛 장비
● 880엔, 2023년 1월 14일 발매

## MICHAELIS
▲오른팔의 전술 복합 장비 「빔 브레이서」가 특징. 왼팔의 실드에도 빔 이펙트를 장착 가능.

HG 1/144 미카엘리스
● 1,760엔, 2023년 1월 14일 발매

◀동봉된 리드선을 사용하면 빔 브레이서를 사출&전개 상태로 전시 가능.

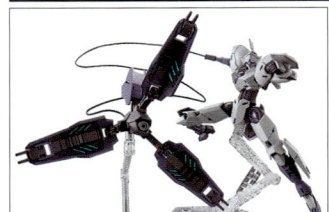

## BEGUIR-PENTE
▲베귀르 베우의 후계기. 대형 라이플과 실드를 추가. 실드에는 전개 기믹을 내장.

HG 1/144 베귀르 펜테
● 1,760엔, 2023년 1월 14일 발매

## ZOWORT
▲페일사의 양산 모빌슈트. 철저한 부품 후조립 설계 덕분에 조립 편의는 물론이고 도색하기 편한 점도 포인트.

HG 1/144 조워트
● 1,760엔, 2023년 2월 11일 발매

## TICKBALANG
▲조워트를 비롯한 본 시리즈 MS를 태울 수 있는 플라이트 유닛. 본체 아래쪽 견인용 고리도 전개 가능해서, MS가 매달린 자세로도 전시 가능.

HG 1/144 틱발랑
● 1,430엔, 2023년 2월 11일 발매

## HEINDREE
▲핸드건과 랜스를 조합한 오른팔의 「랜턴 실드」가 특징. 기사 같은 스타일의 양산기.

HG 1/144 하인드리
● 1,760엔, 2023년 2월 18일 발매

## GUNDAM LFRITH UR
◀르브리스 양산 시제 모델을 베이스로 발전한 건담 타입. 빔 개틀링 건과 페이즈드 어레이 캐논 등의 대형 무기가 매력적.

HG 1/144 건담 르브리스 울
● 2,090엔, 2023년 3월 4일 발매

## GUNDAM LFRITH THORN
▶건담 르브리스 울의 형제기. 팔이 길고 다리가 짧은 특이한 실루엣을 충실하게 재현.

HG 1/144 건담 르브리스 손
● 1,760엔, 2023년 3월 18일 발매

▲페이즈드 어레이 캐논 전개 기믹 내장.

▲빔 디퓨즈 건과 페이즈드 어레이 캐논 포함.

# GUNDAM AERIAL REBUILD

▶그래슬리 기숙사와 결투 이후에 대폭 개장된 에어리얼. 추가된 대형 플라이트 유닛이 박력 넘친다!

**HG 1/144 건담 에어리얼(개수형)**
●1,870엔, 2023년 3월 18일 발매

▲등의 노란 핀에 전개, 수납 기믹을 내장. 모든 비트 스테이브를 빔 라이플에 접속한 건비트 라이플의 박력이 압권.

## PREMIUM BANDAI

# GUNDAM AERIAL [ PERMET SCORE SIX ]

**HG 1/144 건담 에어리얼 퍼멧 스코어 식스**
●2,200엔 ●프리미엄 반다이 판매 아이템

▼「퍼멧 스코어 식스」에 도달한 건담 에어리얼을 새로운 성형색으로 표현한 프리미엄 반다이 판매 아이템. 셸 유닛의 발광이 파란색으로 변경됐고, 타이틀 로고가 각인된 디스플레이 베이스도 동봉.

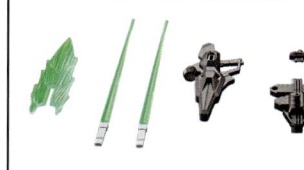

# FULL MECHANICS GUNDAM AERIAL

◀유일한 1/100 스케일 키트 「FULL MECHANICS 건담 에어리얼」. HG보다 치밀한 디테일 표현과 기믹을 즐길 수 있다. 전용 마킹 씰이 포함된 것도 기쁜 포인트.

**FULL MECHANICS 1/100 건담 에어리얼**
●4,180엔, 2023년 4월 22일 발매

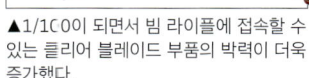

▲1/100이 되면서 빔 라이플에 접속할 수 있는 클리어 블레이드 부품의 박력이 더욱 증가했다.

◀실드에서 분리한 비트 스테이브를 본체 곳곳에 세트한 상태.

▲HG보다 가동 부분이 늘고, 장갑이 연동하면서 각 부분의 움직임에 설득력이 더 커졌다.

# THE WITCH FROM MERCURY WEAPON DISPLAY BASE

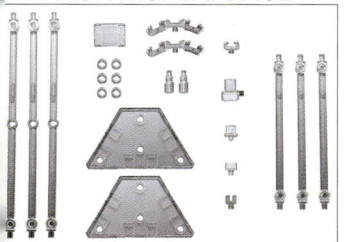

▶건비트 등의 작은 부품의 전시에 대응. 이 시리즈 키트와 같이 장만해보자.

**수성의 마녀 웨폰 디스플레이 베이스**
●550엔, 2023년 1월 14일 발매

# ACTION BASE6 [ CLEAR COLOR ]
## MOBILE SUIT GUNDAM THE WITCH FROM MERCURY STICKERS SET

▶액션 베이스 6에 이 작품의 캐릭터 씰이 동봉된 아이템.

**액션 베이스 6 [클리어 컬러] 기동전사 건담 수성의 마녀 씰 세트**
●1,100엔, 2023년 5월 20일 발매

# GUNDAM DECAL

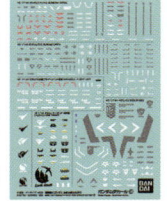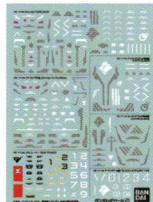

▲1은 「에어리얼, 플라이트 유닛, 르브리스, 베귀르 베우, 데미 트레이너(추츄 전용기)」, 2는 「파렉트, 미카엘리스, 조워트, 베귀르 펜테, 하인드리」, 3은 「딜란자(구엘 전용기), 다릴 바르데, 데미 트레이너」 등에 대응.

**건담 데칼 No.133~135 기동전사 건담 수성의 마녀 범용 1, 2, 3**
●각 550엔, 2023년 3월 18일 발매

## ZOWORT HEAVY

▲미사일 런처와 빔 캐논을 장비한 중무장 조워트. 허벅지 앞면에 매거진 랙을 장착 가능.

HG 1/144 조워트 헤비
● 1,760엔, 2023년 4월 8일 발매

## DILANZA SOL

▲머리와 어깨, 리어 아머 외에 등에 장비된 HC 미사일 런처 등이 신규 부품.

HG 1/144 딜란자 솔
● 1,760엔, 2023년 4월 8일 발매

## HEINDREE STURM

▲새로운 머리와 전용 빔 라이플, 실드, 등의 캐논 등의 무장이 추가됐다.

HG 1/144 하인드리 슈트룸
● 1,760엔, 2023년 5월 20일 발매

## Figure-rise Standard SULETTA MERCURY

◀본작 주인공 플라스틱 키트. 옷깃 문양과 가슴의 마크를 재현하기 위한 전용 씰 포함. 눈동자가 패드 인쇄로 처리된 얼굴 부품과, 습식 데칼을 붙일 수 있는 부품이 따로 포함.

Figure-rise Standard 슬레타 머큐리
● 3,520엔, 2022년 10월 15일 발매

## Figure-rise Standard MIORINE REMBRAN

▶설정에 따라서 슬레타보다 체격이 조금 작다. 부츠를 벗은 맨발 부품과 애용하는 물뿌리개와 모종삽 등도 포함.

Figure-rise Standard 미오리네 렘블랑
● 3,520엔, 2022년 11월 26일 발매

## 건담 베이스 판매 아이템 GUNDAM AERIAL [CLEAR COLOR]

▶건담 베이스에서 판매하는 스페셜 키트. 전신을 아름다운 클리어 부품으로 성형.

HG 1/144 건담 에어리얼 [클리어 컬러]
● 1,430엔, 2023년 7월 22일 발매
● 건담 베이스 판매 아이템

## Season2

## DEMI BARDING

▲백팩이 커진 점이 특징. 새로 조형한 빔 라이플과 빔 사벨도 포함.

HG 1/144 데미 바딩
● 2,090엔, 2023년 6월 10일 발매

## GUNDVÖLVA

HG 1/144 건드볼바
● 1,540엔, 2023년 6월 10일 발매

◀무인기 모빌슈트형 건비트. 저시인성 컬러를 성형색으로 표현했다. 실전적인

## GUNDAM SCHWARZETTE

▼대검 같은 다목적 공방 플랫폼 「가디언」은 기체 등에 장비는 물론, 전개와 분리도 가능.

HG 1/144 건담 슈바르제테
● 2,090엔, 2023년 7월 8일 발매

MOBILE SUIT GUNDAM THE WITCH FROM MERCURY **GUNPLA BEGINNER'S BIBLE**

# GUNDAM CALIBARN

▶본작의 클라이맥스에서 슬레타가 탑승한 모빌슈트. 스마트한 실루엣에 긴 휴대화기「배리어블 로드 라이플」이 인상적인 디자인. 메인 컬러인 흰색은 잘 비치지 않는 아름다운 성형색으로 표현해서, 조립만 해도 상당히 멋지다.

HG 1/144 건담 캘리번
● 2,200엔, 2023년 7월 15일 발매

▼건비트로 분리하는 실드도 포함. 인몰드 성형으로 가슴의 주얼 셀과 안테나의 무지개색을 재현.

▲배리어블 로드 라이플 사격 모드

▲건비트를 본체에 장비하면 매시브한 실루엣이 되고, 배리어블 로드 라이플과 균형이 맞는 실루엣으로 변화.

---

**PREMIUM BANDAI**

# GUNDAM LFRITH JIU

▶월간 건담 에이스에서 연재하는 공식 외전 만화『기동전사 건담 수성의 마녀 바나디스 하트』의 주인공 기체「건담 르브리스 지우」.

HG 1/144 건담 르브리스 지우
● 1,980엔 ● 프리미엄 반다이 판매 아이템

▲대형 복합 무장「호랑이 손」을 신규 조형으로 재현. 호랑이 손은 팔은 물론이고 등에도 마운트 가능.

◀별매품 웨폰 디스플레이 베이스를 사용하면 또 다른 액션을 즐길 수 있다.

▲호랑이 손은 대형화한 머니플레이터의 집게~새끼손가락까지 제1, 2 관절 마디가 각각 독립 가동. 또한 인출식 관절도 내장.

081

MOBILE SUIT GUNDAM THE WITCH FROM MERCURY
# GUNPLA BEGINNER'S BIBLE

기동전사 건담 수성의 마녀
건프라 비기너즈 바이블
AK HOBBY BOOK

[STAFF]
■ **Editor at Large**
Manabu KIMURA

■ **Publisher**
Daisuke MATSUSHITA

■ **Model Works**
Kazuhiko AIKAWA
ARUE
KINOSUKE
KENTAROU
KOJIMA DAITAICHO
KOBOPANDA
DOOVA
nishi
Teppei HAYASHI
Blondy 51
Yu FUWA
Rikka
Re-ta
Ryunz

■ **Writer**
Fumitoshi TAN(BunSou production)
KENTAROU

■ **Art Works**
Kazuo HIROI[WIDE]
Mitsuharu SUZUKI[WIDE]
Syuichi SANNOHE[WIDE]

■ **Photographer**
Masataka KAWAHASHI[STUDIO R]
Gaku OKAMOTO[STUDIO R]
Kento TSUKAMOTO[STUDIO R]
Yoshito KOUNO[STUDIO R]
Takanori KATSURA[INOUE PHOTO STUDIO]

■ **Special thanks**
주식회사 반다이 남코 필름웍스
주식회사 BANDAI SPIRITS 하비 사업부

■ **Editor**
Shosei SATO

기동전사 건담 수성의 마녀
건프라 비기너즈 바이블

초판 1쇄 인쇄 2025년 3월 10일
초판 1쇄 발행 2025년 3월 15일

저자 : 하비재팬 편집부
번역 : 김정규

펴낸이 : 이동섭
편집 : 이민규
디자인 : 조세연
기획·편집 : 송정환, 박소진
영업·마케팅 : 조정훈, 김려홍
e-BOOK : 홍인표, 최정수, 김은혜, 정희철, 김유빈
라이츠 : 서찬웅, 서유림
관리 : 이윤미

㈜에이케이커뮤니케이션즈
등록 1996년 7월 9일(제302-1996-00026호)
주소 : 08513 서울특별시 금천구 디지털로 178, B동 1805호
TEL : 02-702-7963~5  FAX : 0303-3440-2024
http://www.amusementkorea.co.kr

ISBN 979-11-274-8670-9 13630

Mobile Suit Gundam The Witch From Mercury
Gunpla Beginner's Bible
©HOBBY JAPAN
©SOTSU・SUNRISE・MBS
Originally Published in Japan in 2023 by HOBBY JAPAN Co., Ltd.
Korea translation Copyright©2025 by AK Communications, Inc.

이 책의 한국어판 저작권은 일본 ㈜HOBBY JAPAN과의 독점계약으로 ㈜에이케이커뮤니케이션즈에 있습니다.
저작권법에 의해 한국 내에서 보호를 받는 저작물이므로 무단전재와 무단복제를 금합니다.

*잘못된 책은 구입한 곳에서 무료로 바꿔드립니다.